云南少数民族古籍珍本集成

云南省少数民族古籍整理出版规划办公室◎编

第五十四卷　纳西族

云南出版集团公司
云南人民出版社

云南省百项少数民族文化精品工程项目
民族文字出版专项资金资助项目

前言

云南是一个多民族的边疆省份，全省25个少数民族在长期的历史发展进程中创造了丰富多彩的民族历史文化，留下了卷帙浩繁的民族文字文献古籍和口传古籍，这些少数民族古籍是各民族先民创造的重要文明成果，是中华文明一脉相承的历史见证，也是人类文明的瑰宝。据统计，云南少数民族文字文献古籍蕴藏量达10万余册（卷），口传古籍4万余种，大多数至今仍散藏于民间，损毁日益严重。

云南少数民族古籍以种类繁多、历史悠久、载体多样而独具特色，是云南不可再生的珍贵文化遗产，也是亟待抢救保护和开发利用的重要文化资源。2003年，纳西东巴古籍文献入选《世界记忆遗产名录》，云南少数民族古籍的人类文化遗产价值得到联合国教科文组织世界遗产委员会的肯定。

为抢救保护这宗珍贵的世界文化遗产，我们计划用5年左右时间编纂出版《云南少数民族古籍珍本集成》100卷，结集出版一批云南少数民族古籍中的孤本、善本和珍本，并用彩色影印的方式真实再现古籍原貌，以丰富和繁荣民族文化事业。

云南省少数民族古籍整理出版规划办公室

《云南少数民族古籍珍本集成》编纂委员会

2012年9月16日

目录

画谱 1

祭署木牌画稿 1

卷轴画 6

神路图 6

东巴什罗 63

谷神（纳妥森）（1） 64

谷神（2） 65

署神画卷 66

格控战神 76

九头神 77

优麻战神 78

纸牌画 79

神像纸牌画（1） 80

神像纸牌画（2） 86

神像纸牌画（3） 89
神像纸牌画（4） 99
神像纸牌画（5） 105
神像纸牌画（6） 113
神像纸牌画（7） 117
神像纸牌画（8） 126
五方战神纸牌画 137
拉姆女神纸牌画（1） 142
拉姆女神纸牌画（2） 148
拉姆女神纸牌画（3） 157
动物纸牌画 162
占卜经绘画（1） 164
占卜经绘画（2） 172
八宝纸牌画（1） 184
八宝纸牌画（2） 185
历算书 186
历算书（1） 187
历算书（2） 207
历算书（3） 230
历算书（4） 263

画　谱

祭署木牌画稿

纳西族东巴绘画。流传于云南省丽江市纳西族地区。1套，佚名撰。祭署木牌画稿，供后人在绘制祭署仪式木牌画时参考使用。旧抄本。色彩艳丽。保存完好。兰碧瑛、许正强收藏。

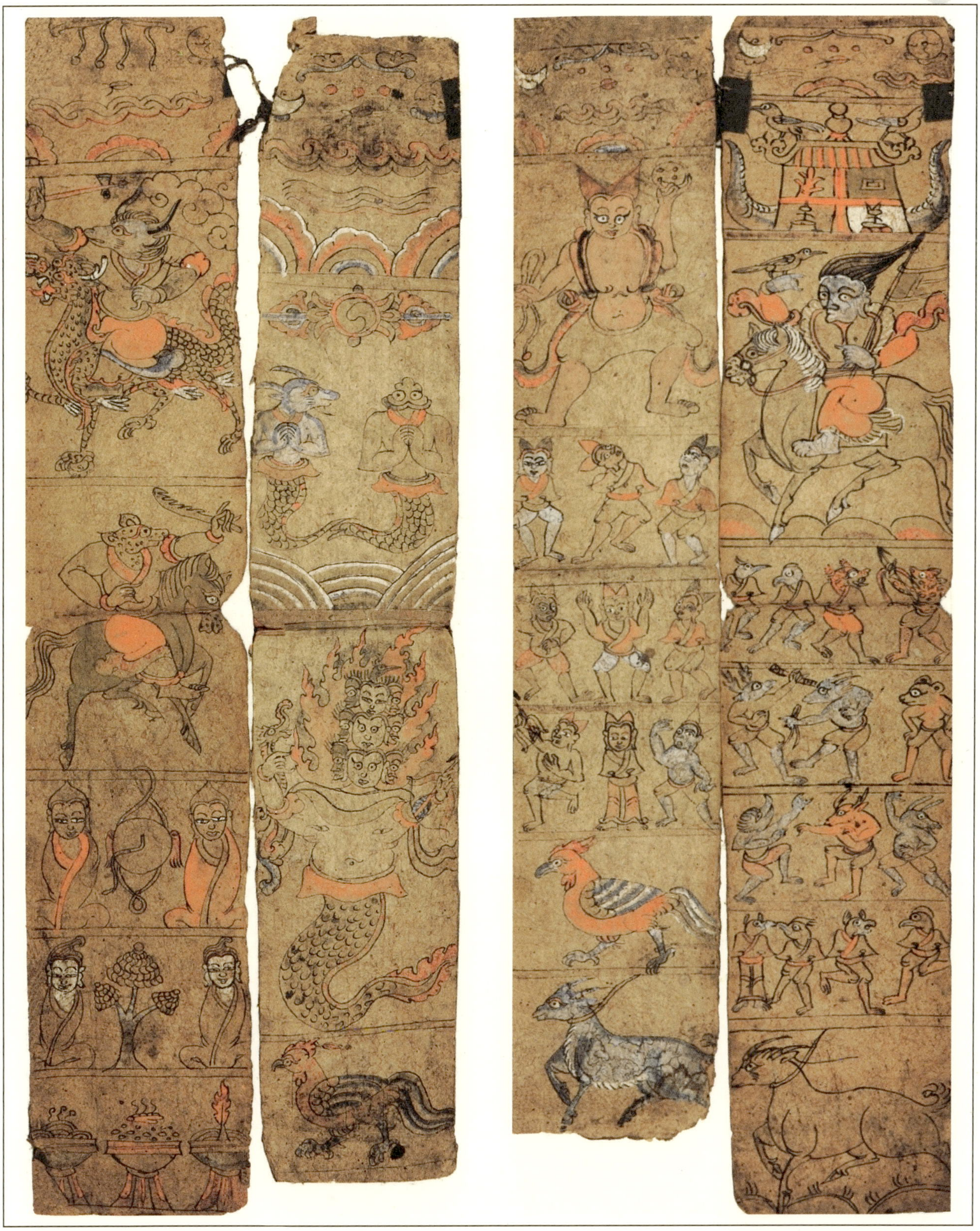

卷轴画

纳西族东巴绘画。流传于云南省丽江市纳西族地区。多为纳西族信奉的各类神祇神像画，有独副、多副和长卷等多种。每幅主要绘一尊大神或战神，表现的是某个神祇及其所居的神界。多数画在麻布上，四周又衬以黑色衬布，下端放横轴，使画面平整下垂，不用时则以轴收卷起来。一般用矿物质和植物颜料绘制而成。许正强、兰碧瑛收藏。

神路图

纳西族东巴教用于丧葬和超度亡灵仪式中的长卷绘画。流传于云南省丽江市纳西族地区。描绘人死后其亡灵从地域中经过百般磨难转世为人，在东巴祭司的引导下来到神界和二十三层天上的一条漫漫长路。当地土布绘制，尺寸1380厘米×28厘米。色彩艳丽，边缘破损。

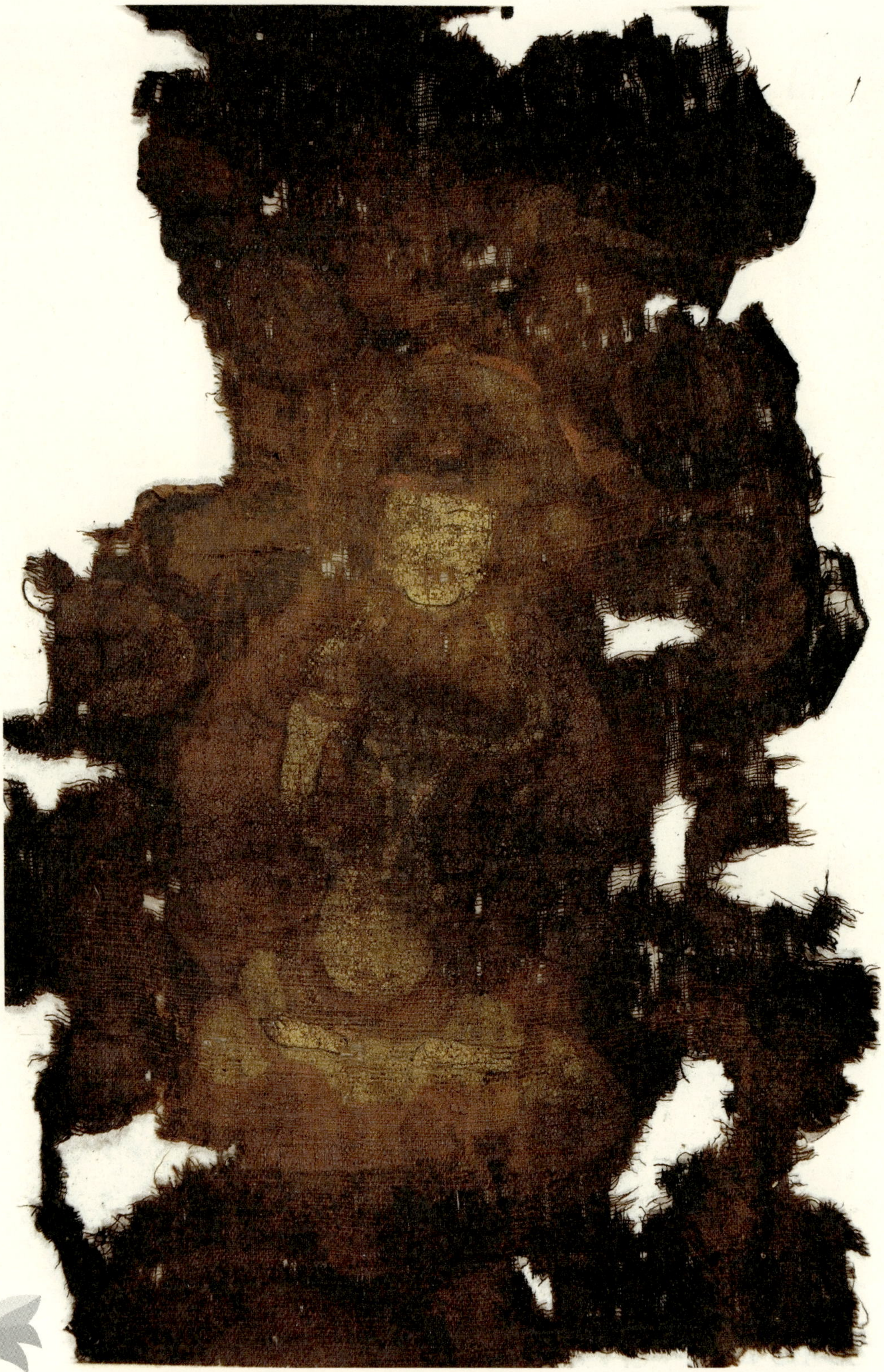

东巴什罗

尺寸：73厘米×65厘米

谷神（纳妥森）（1）

尺寸：73厘米×63.5厘米

谷神（2）

尺寸：70厘米×65厘米

署神画卷

尺寸：116厘米×85厘米

格控战神

尺寸：69厘米×62厘米

九头神

尺寸：92.5厘米×74.5厘米

优麻战神

尺寸：68厘米×62厘米

纸牌画

纳西族东巴绘画。流传于云南省丽江市纳西族地区。画在多层厚纸粘合而成的硬牌上，多以纳西族民间信奉的神灵、传说中的祖先以及动植物等为主题。有的构图上端画日月星辰云风，中间画鬼神像，下端画祭品宝物。保存完好。兰碧瑛、许正强收藏。

神像纸牌画（1）

单幅尺寸：34厘米×11厘米

神像纸牌画（2）

神像纸牌画（3）

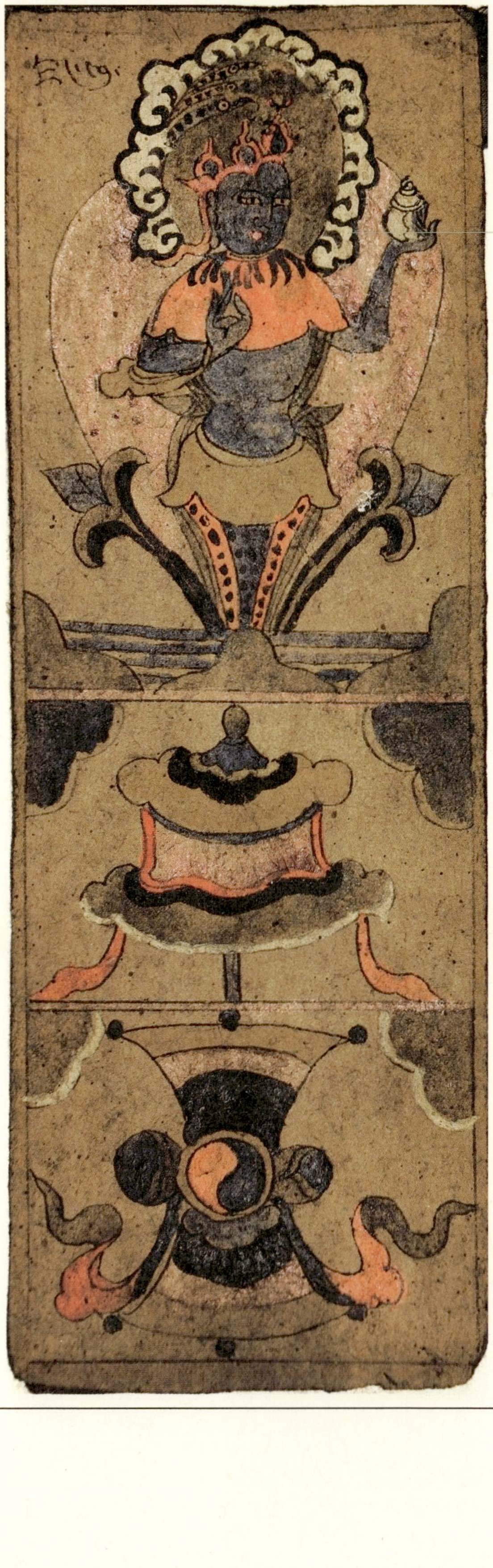

神像纸牌画（4）

神像纸牌画（5）

神像纸牌画（6）

神像纸牌画（7）

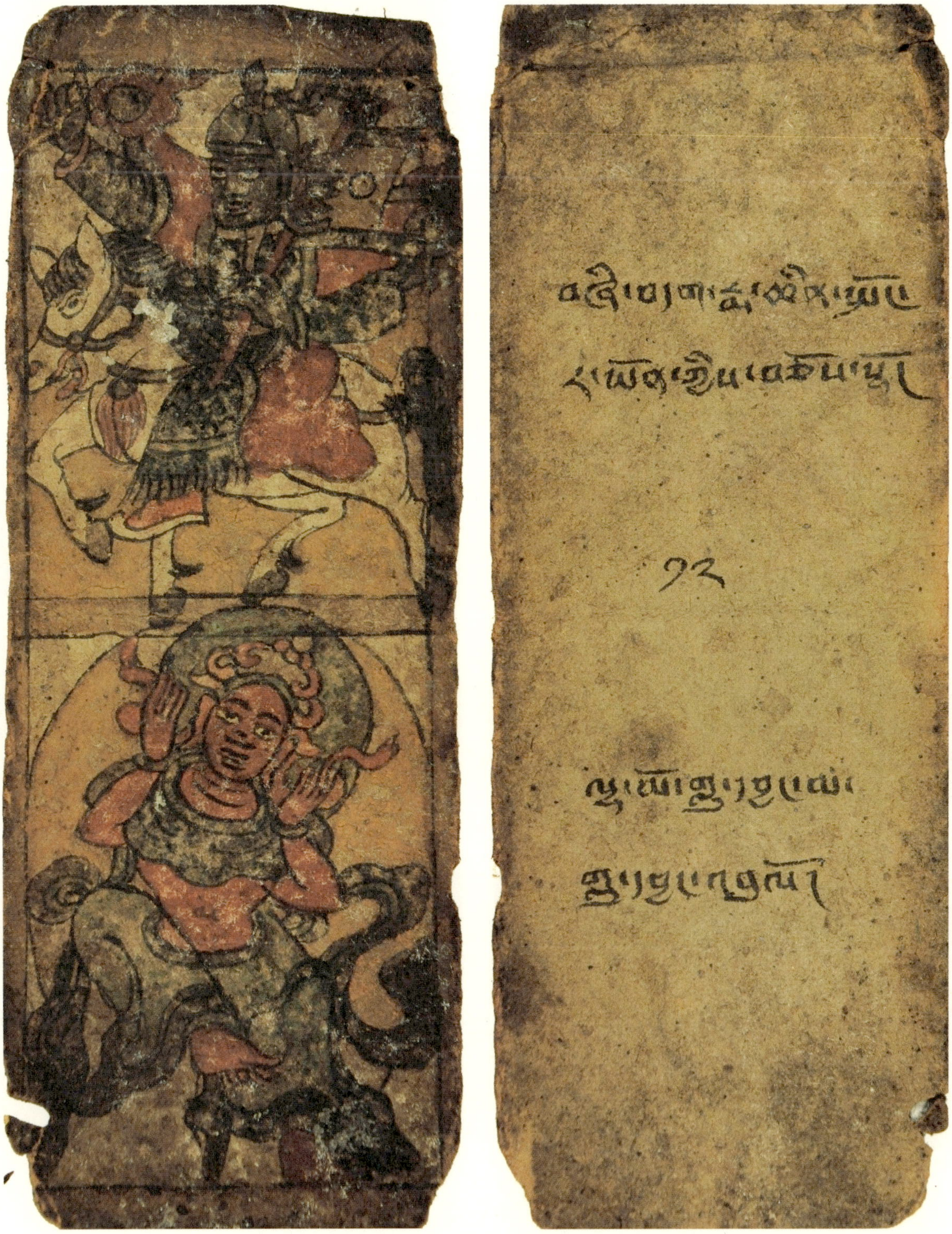

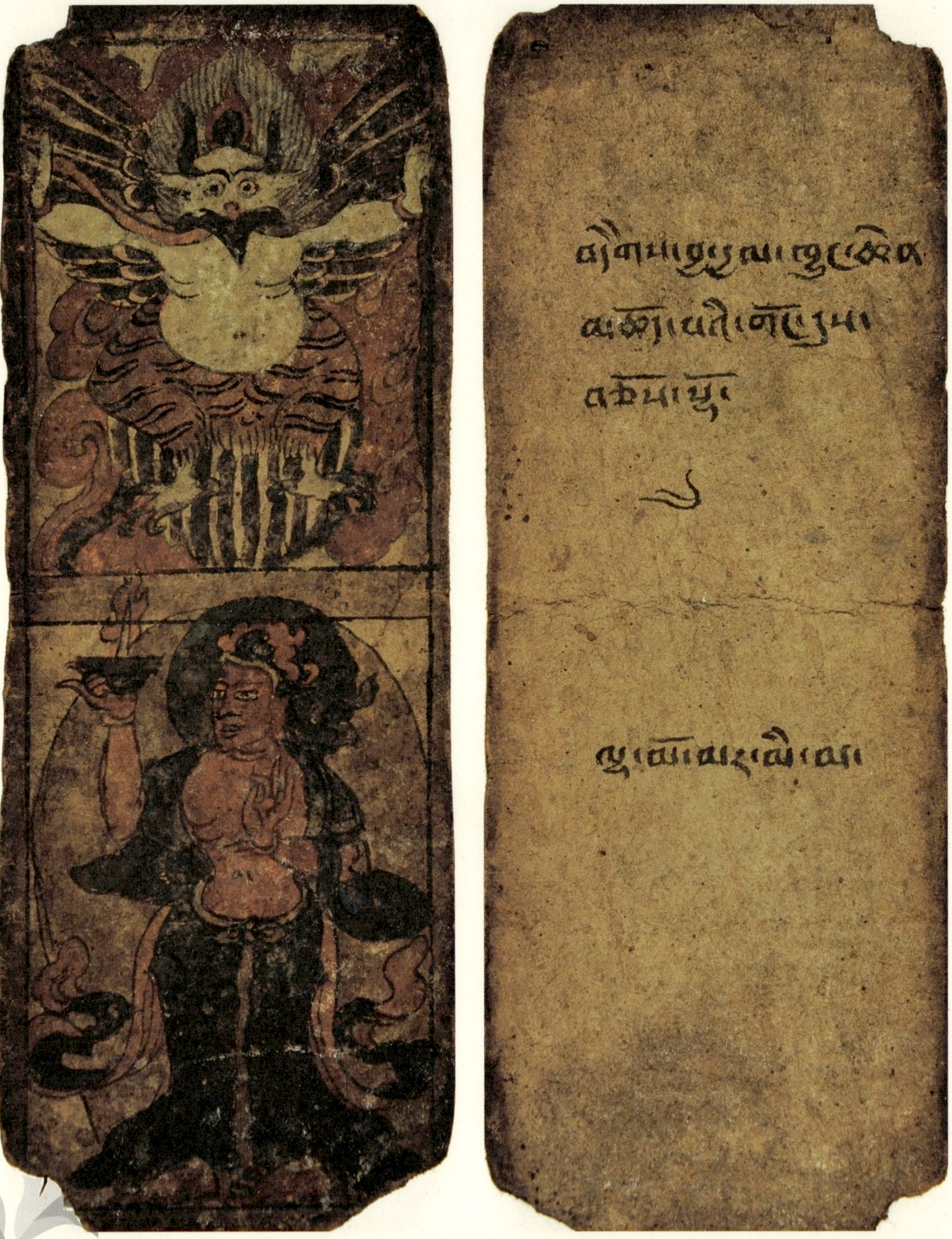

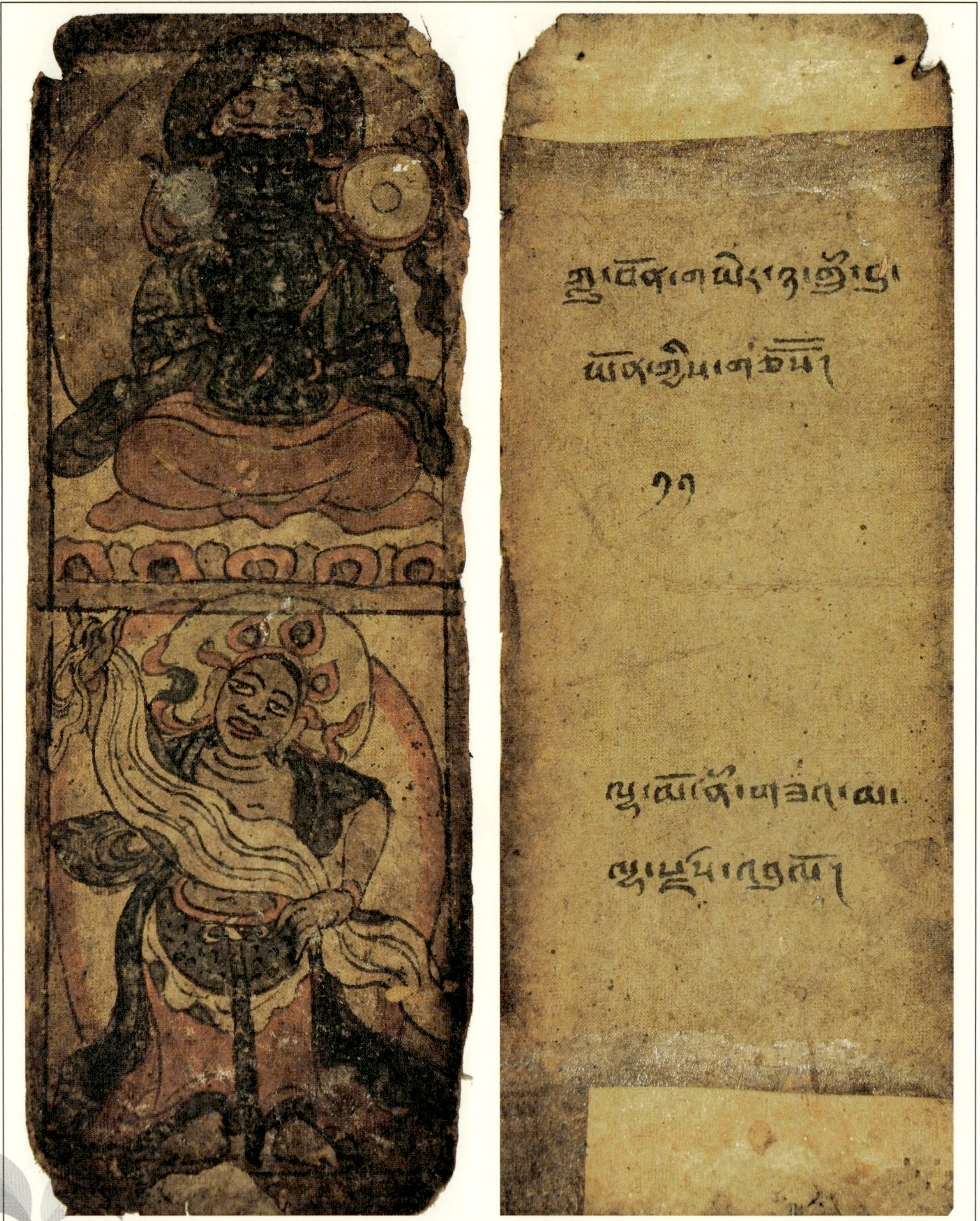
༡༡

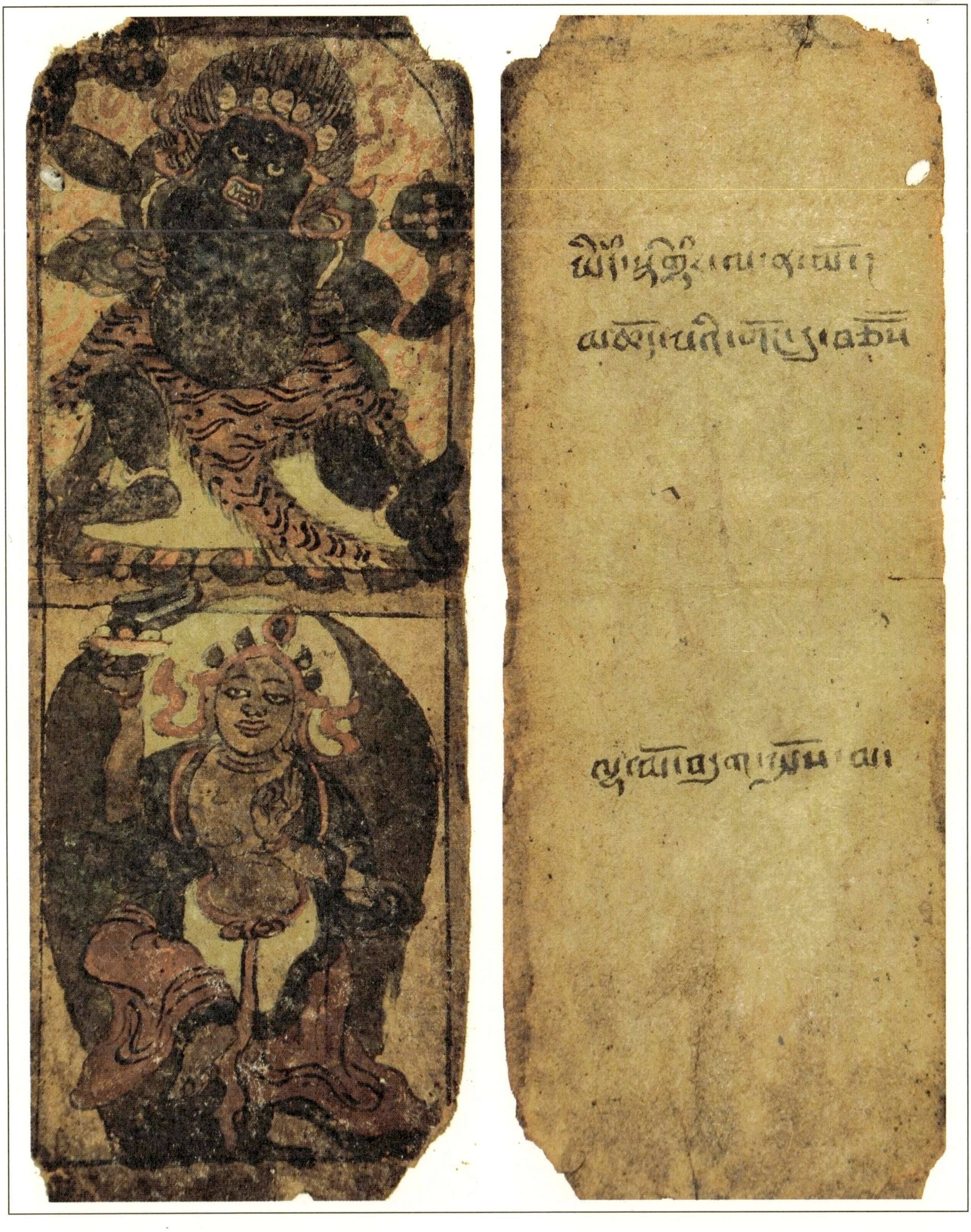

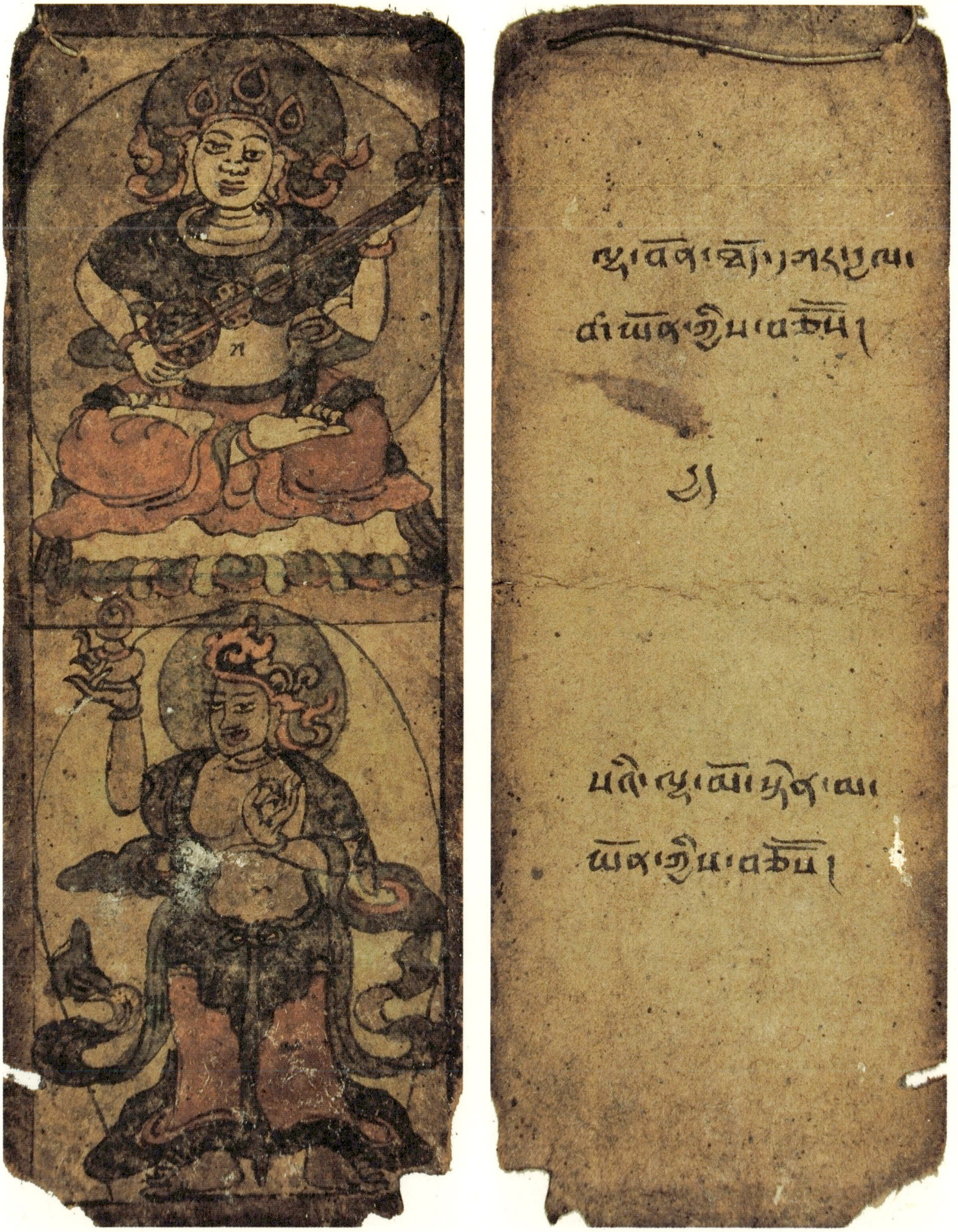

神像纸牌画（8）

五方战神纸牌画

北方　古生抠巴

东方　格衬称补

南方　胜日明恭

天地中央　梭余晋古

西方　纳生初卢

拉姆女神纸牌画（1）

拉姆女神纸牌画（2）

拉姆女神纸牌画（3）

动物纸牌画

占卜经绘画（1）

占卜经绘画（2）

八宝纸牌画

东巴八宝：法螺、宝瓶、宝伞、同心结、金轮、双鱼、妙莲、胜利幢。八宝在纳西族文化中是吉祥如意、美满幸福的象征。

（1）

（2）

历算书

纳西族东巴经。流传于云南省丽江市纳西族地区。佚名撰。旧抄本，线装。墨书。保存完好。兰碧瑛、许正强收藏。

历算书（1）

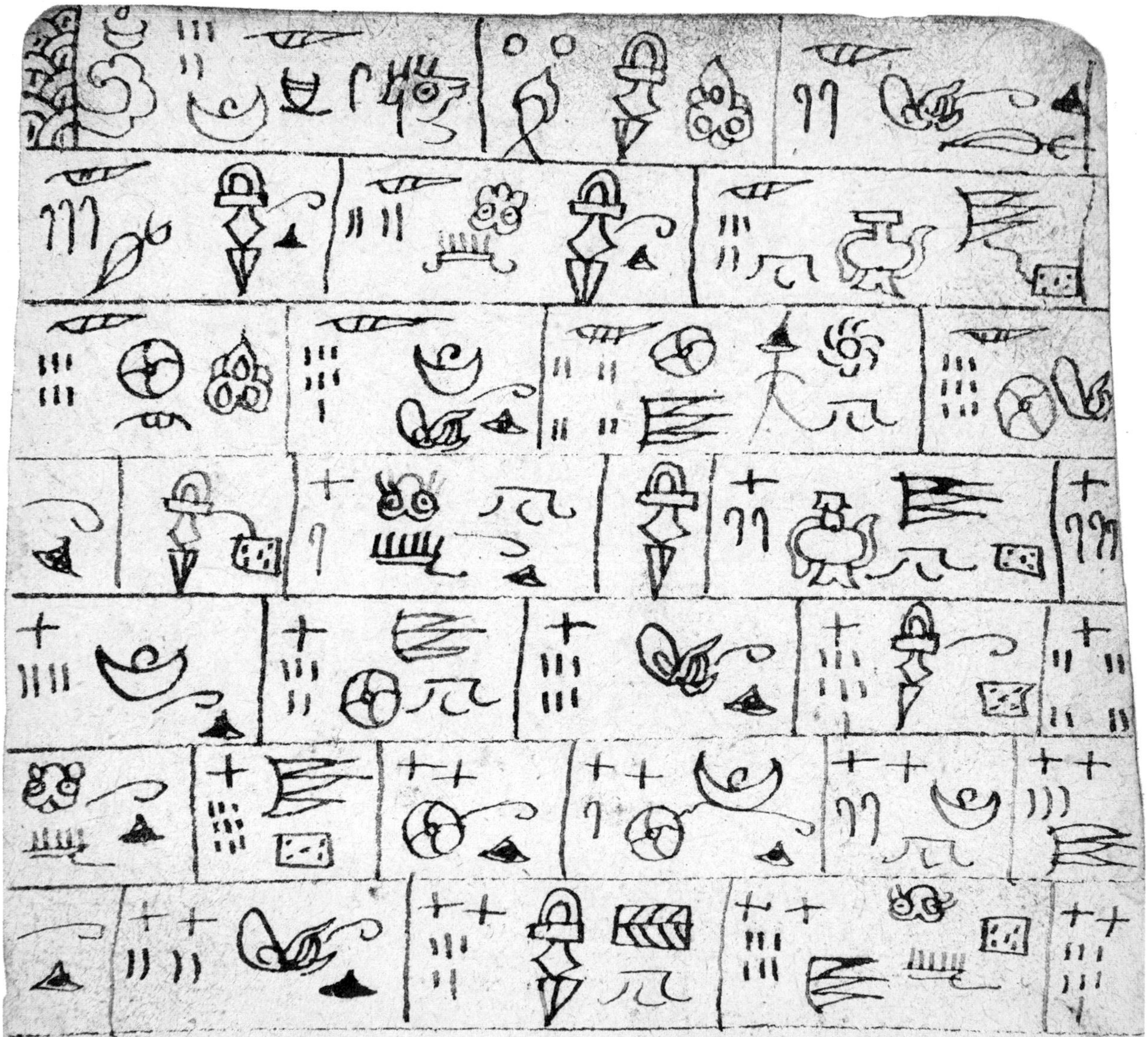

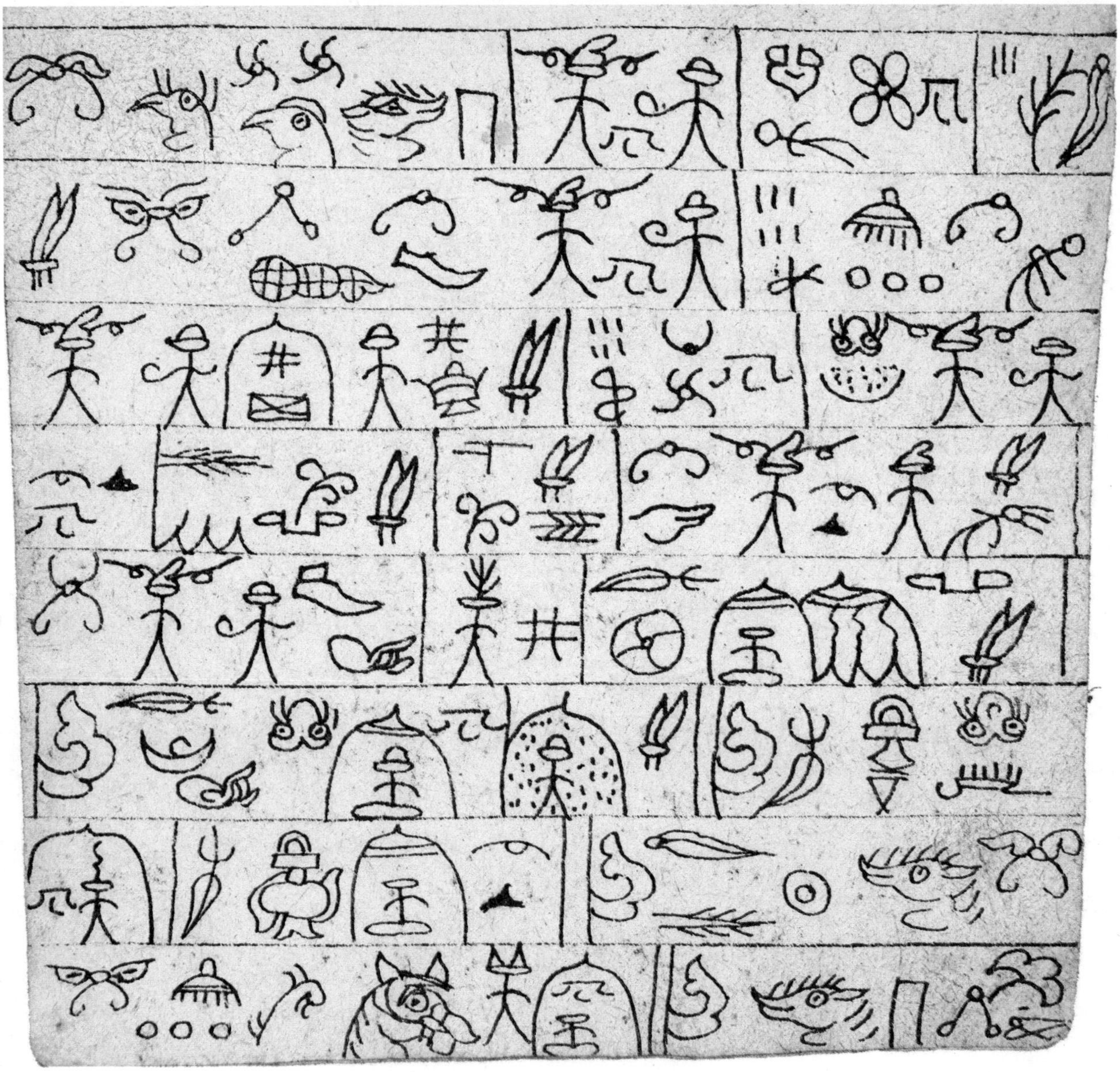

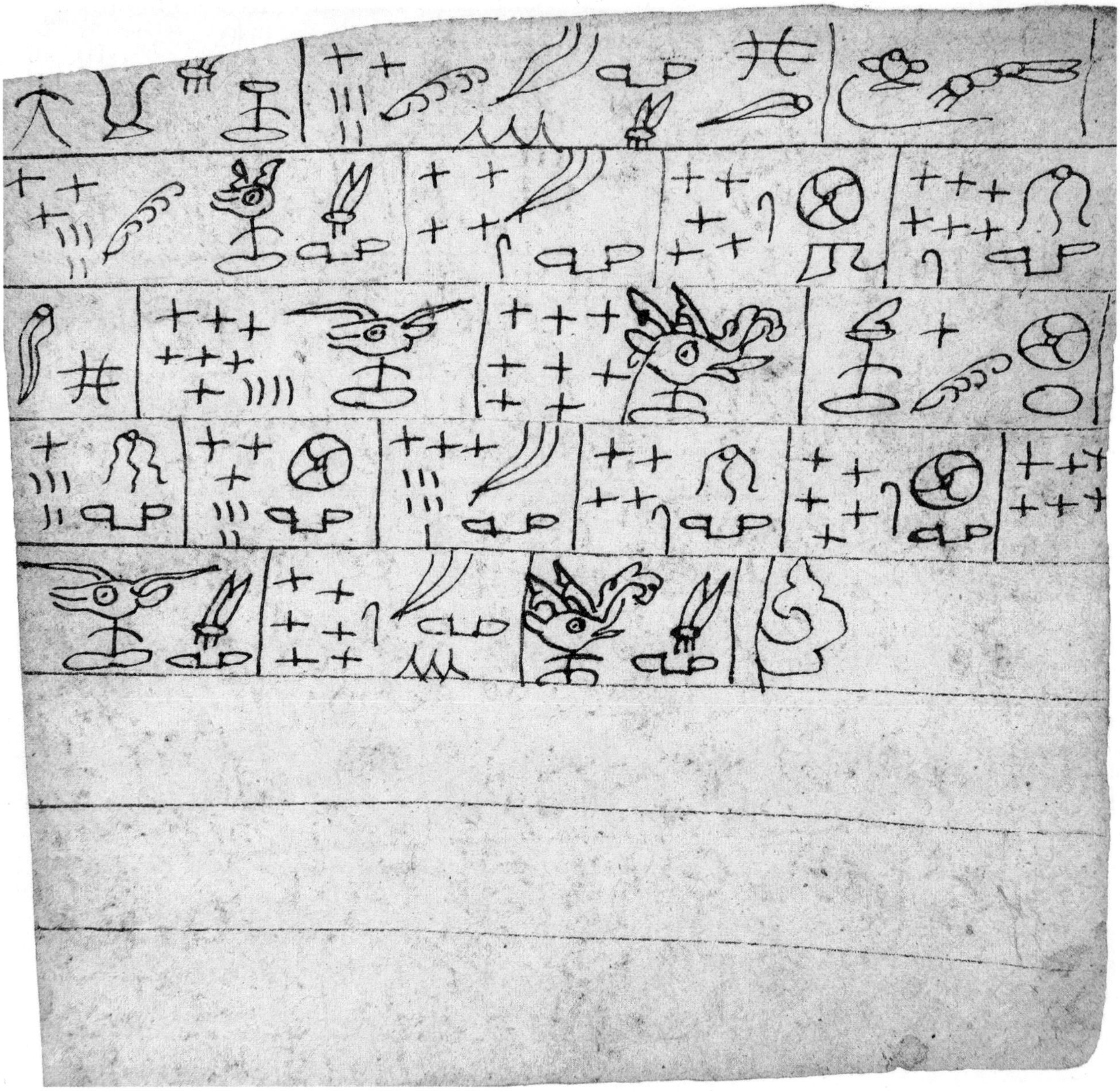

历算书（2）

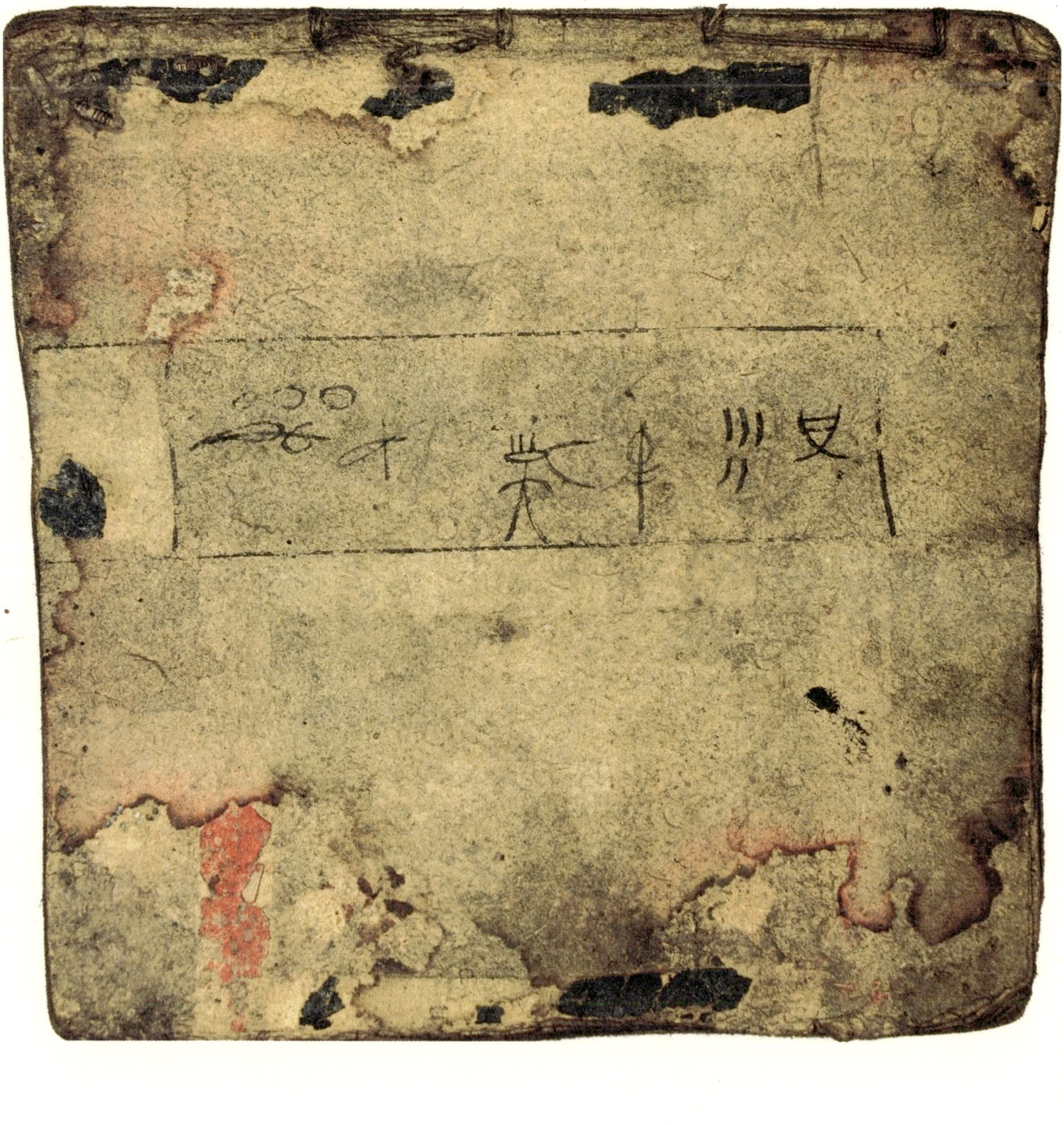

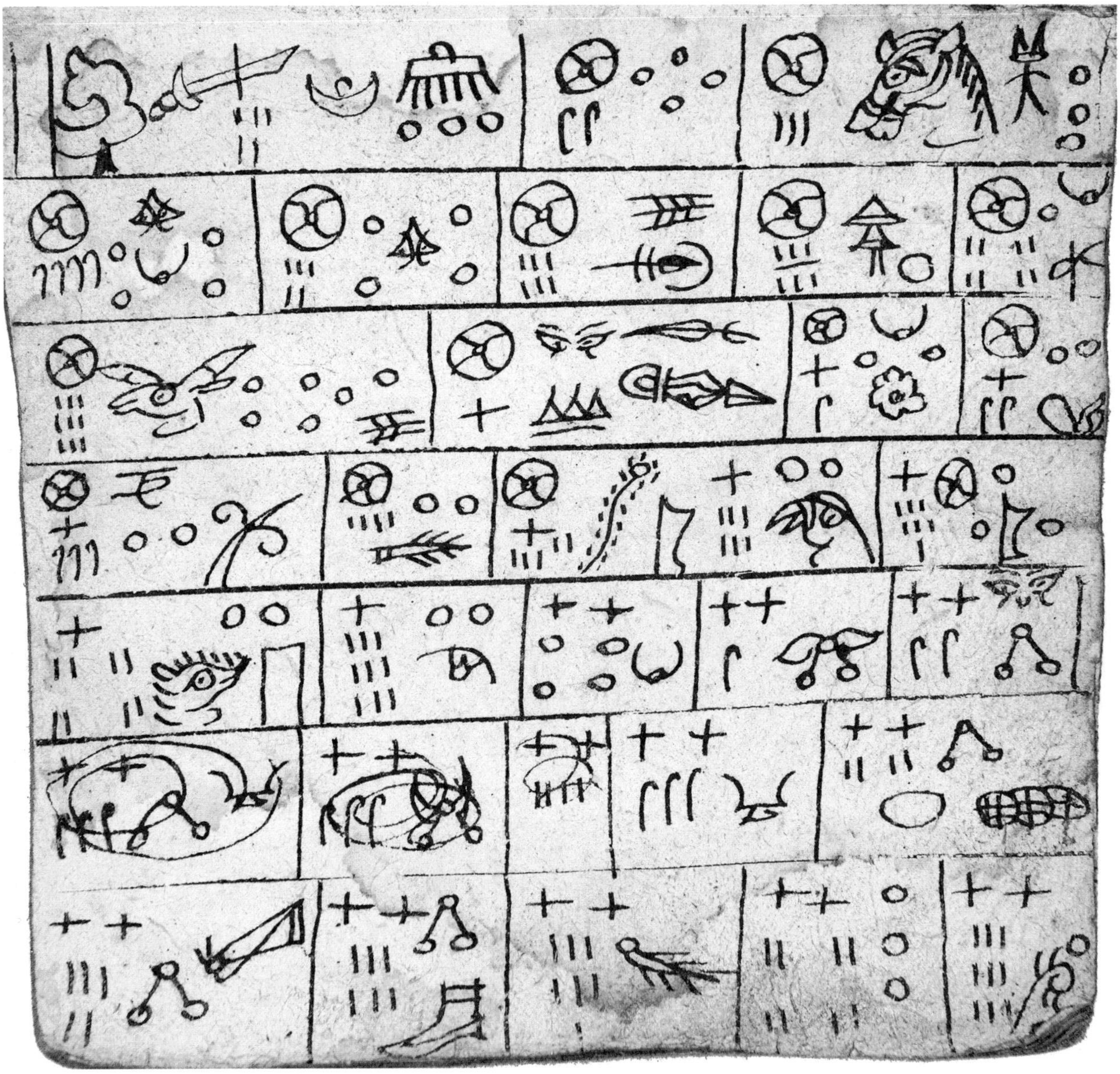

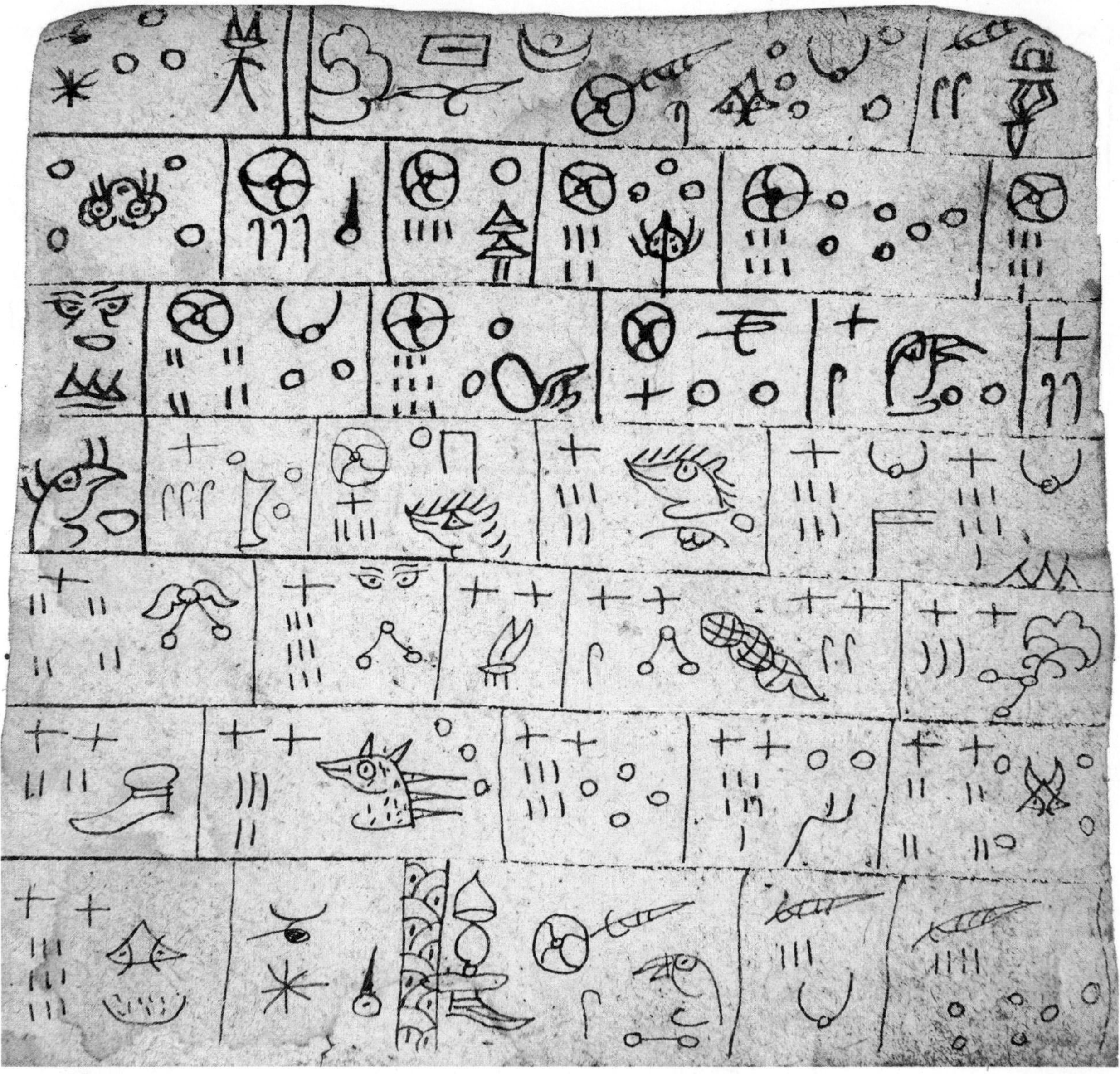

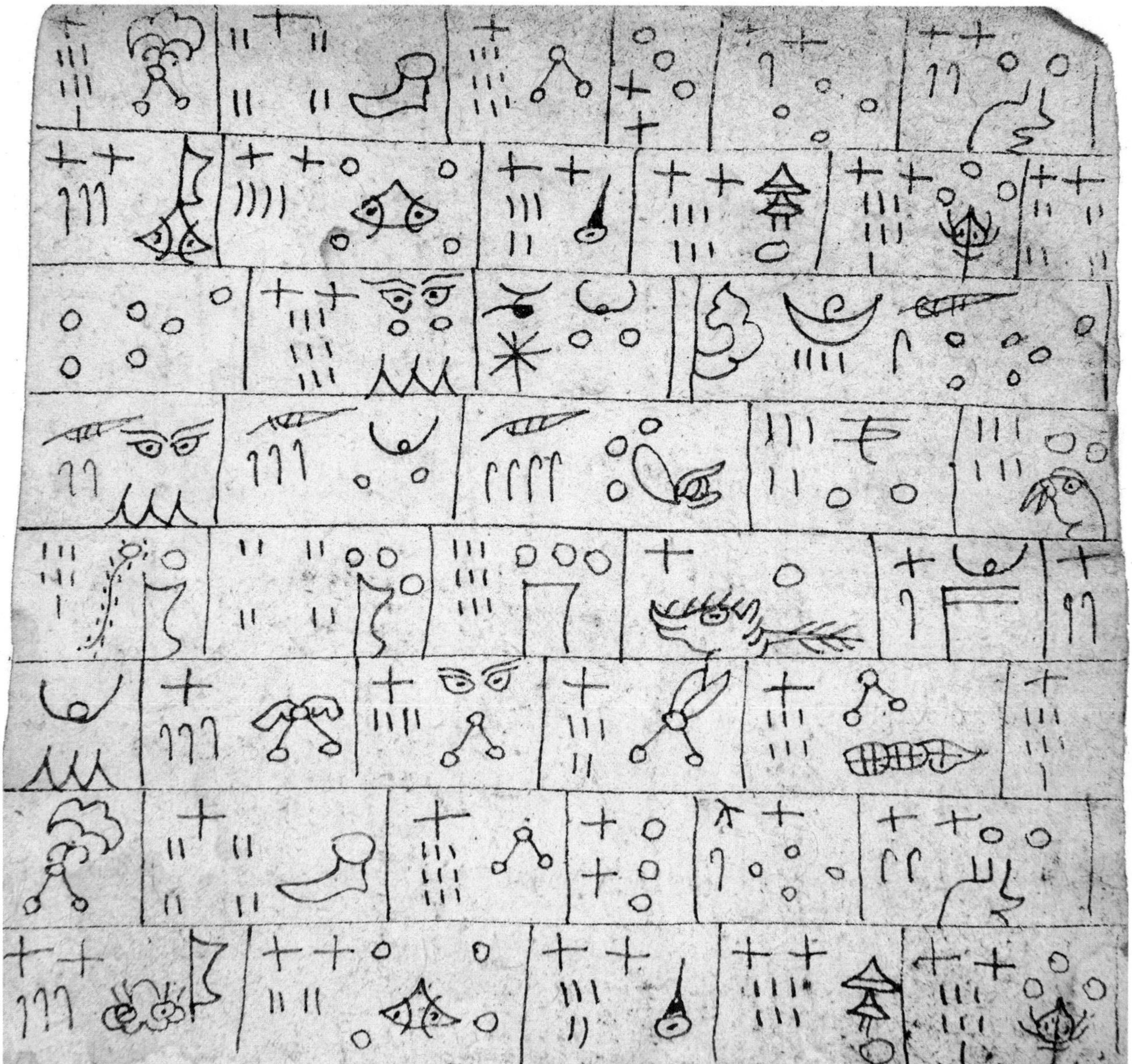

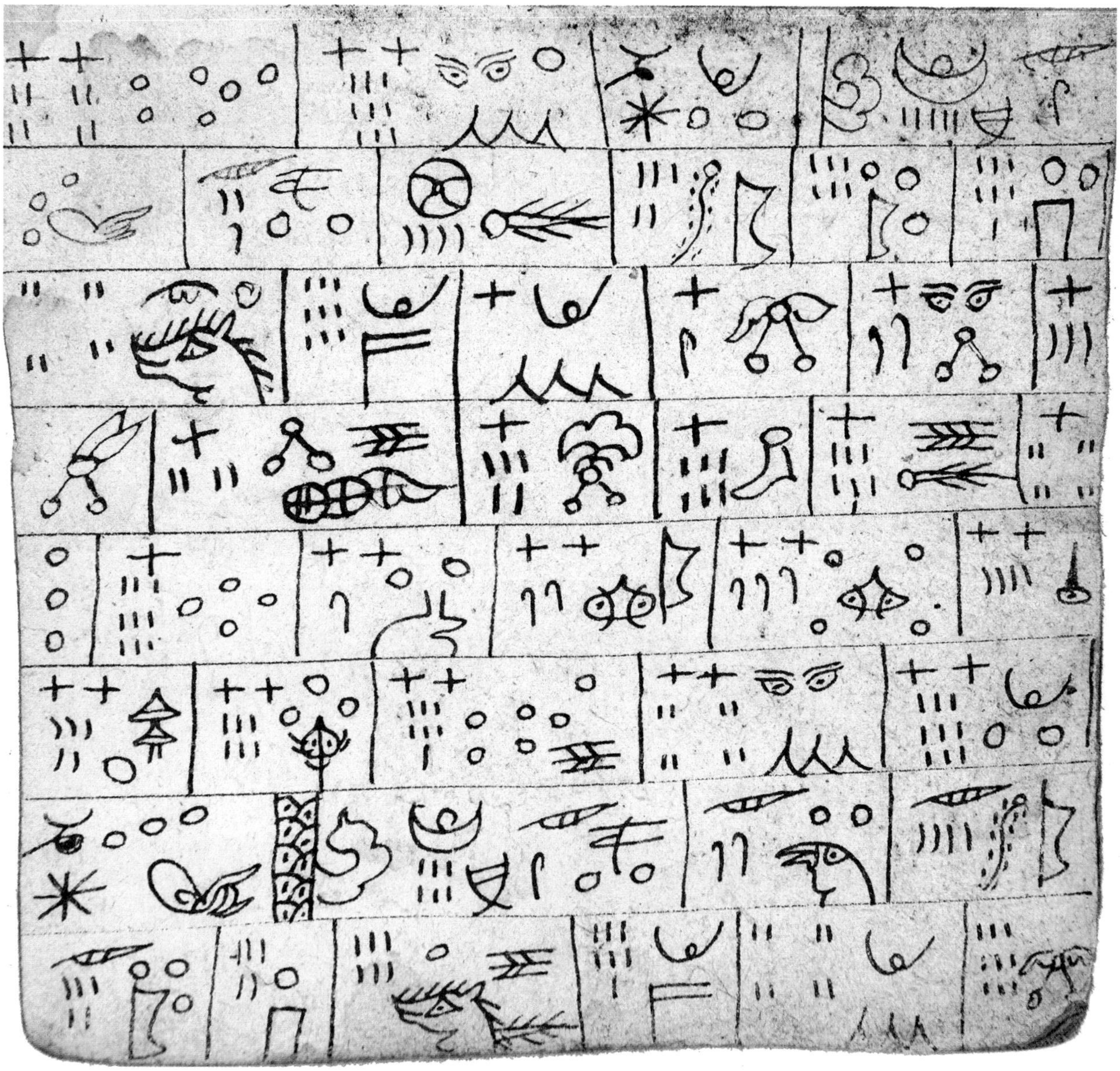

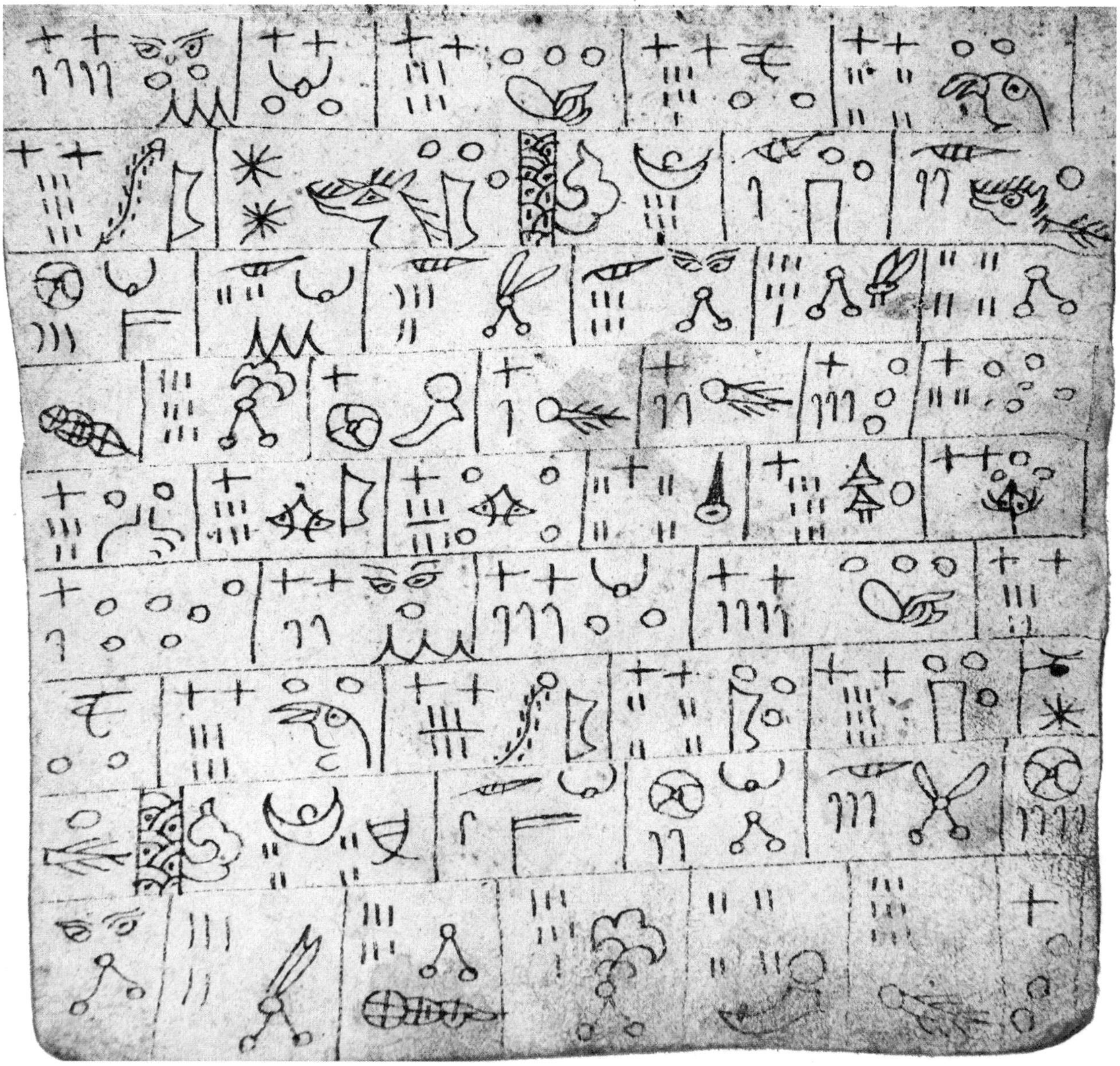

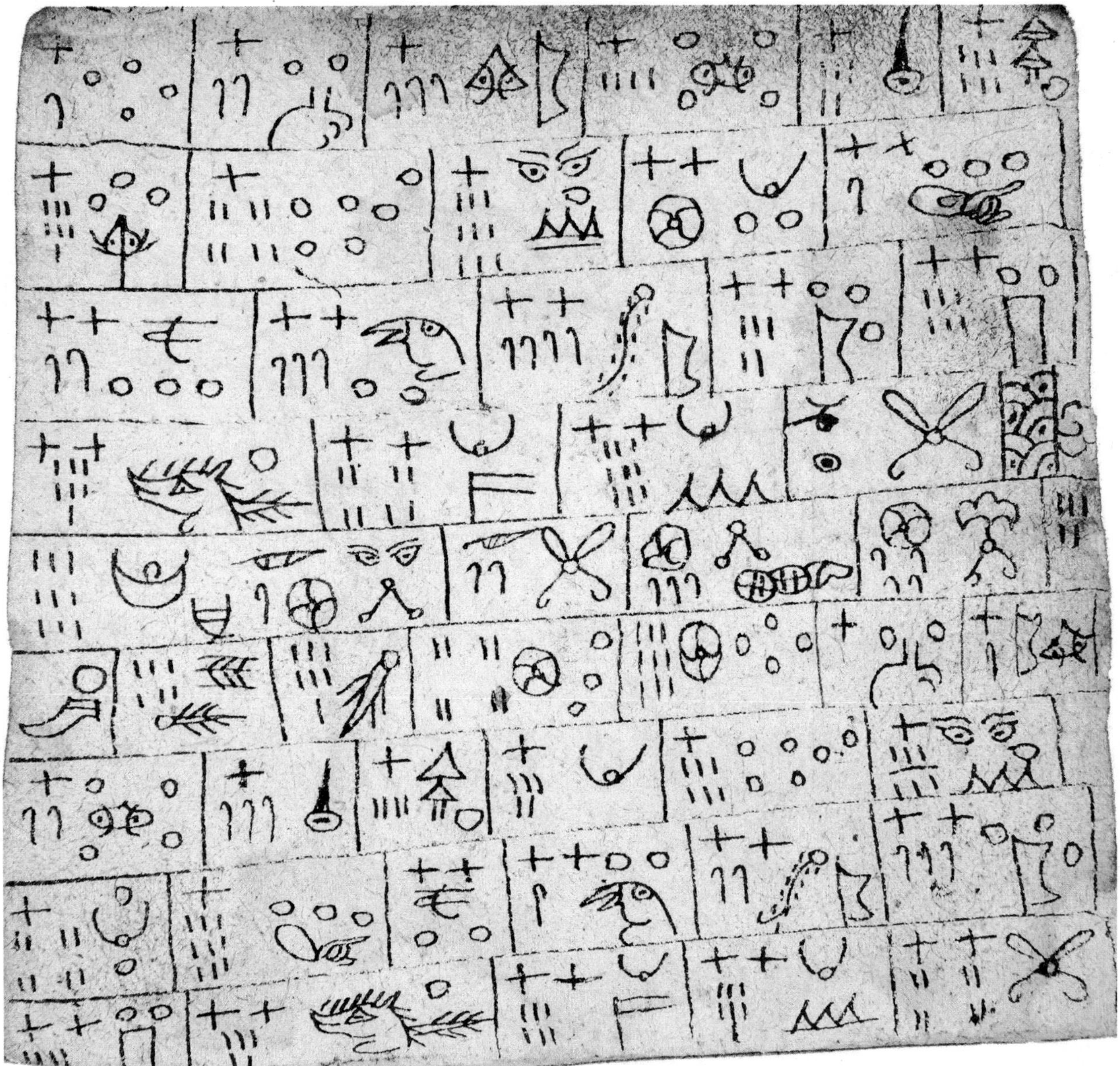

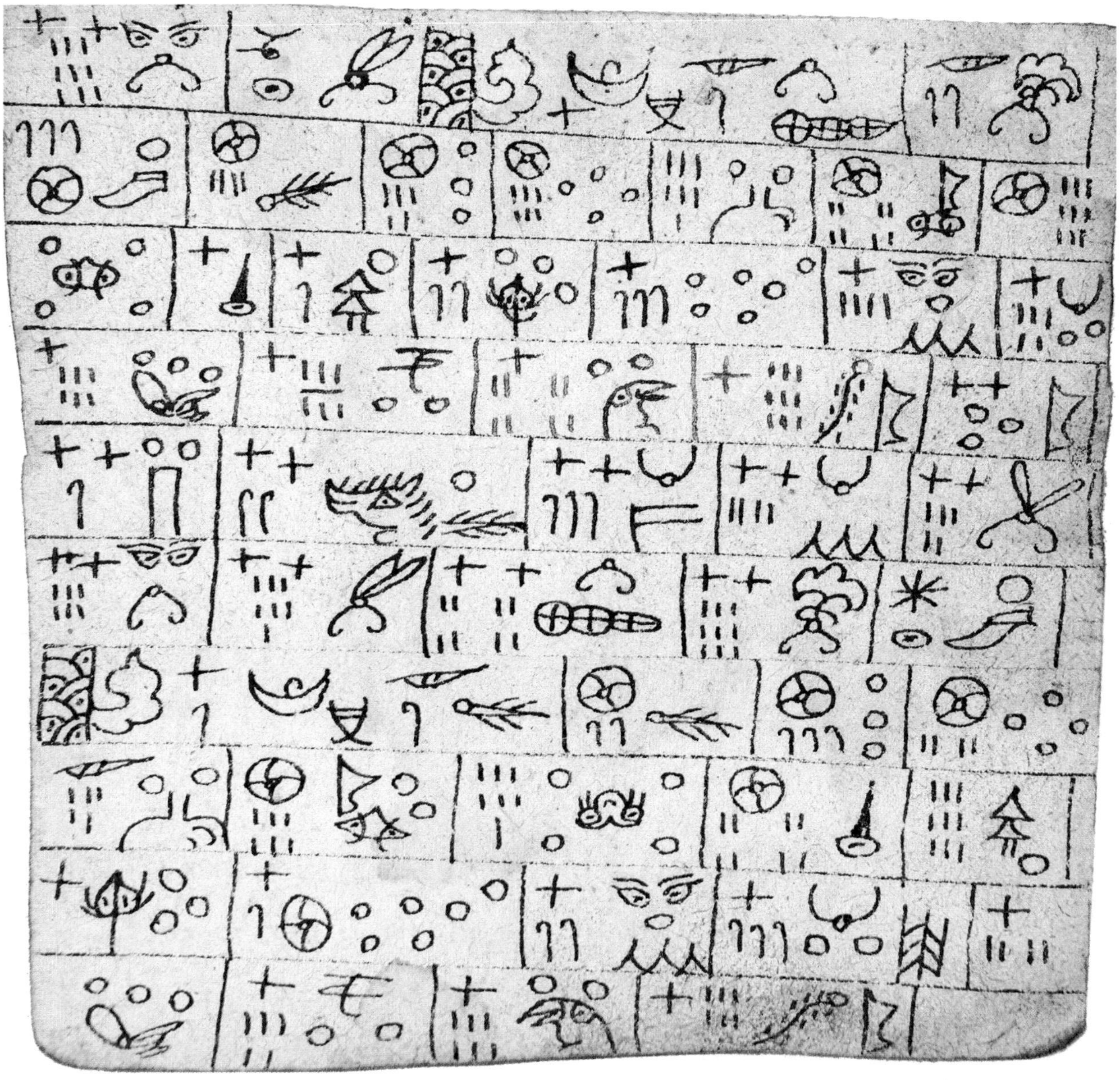

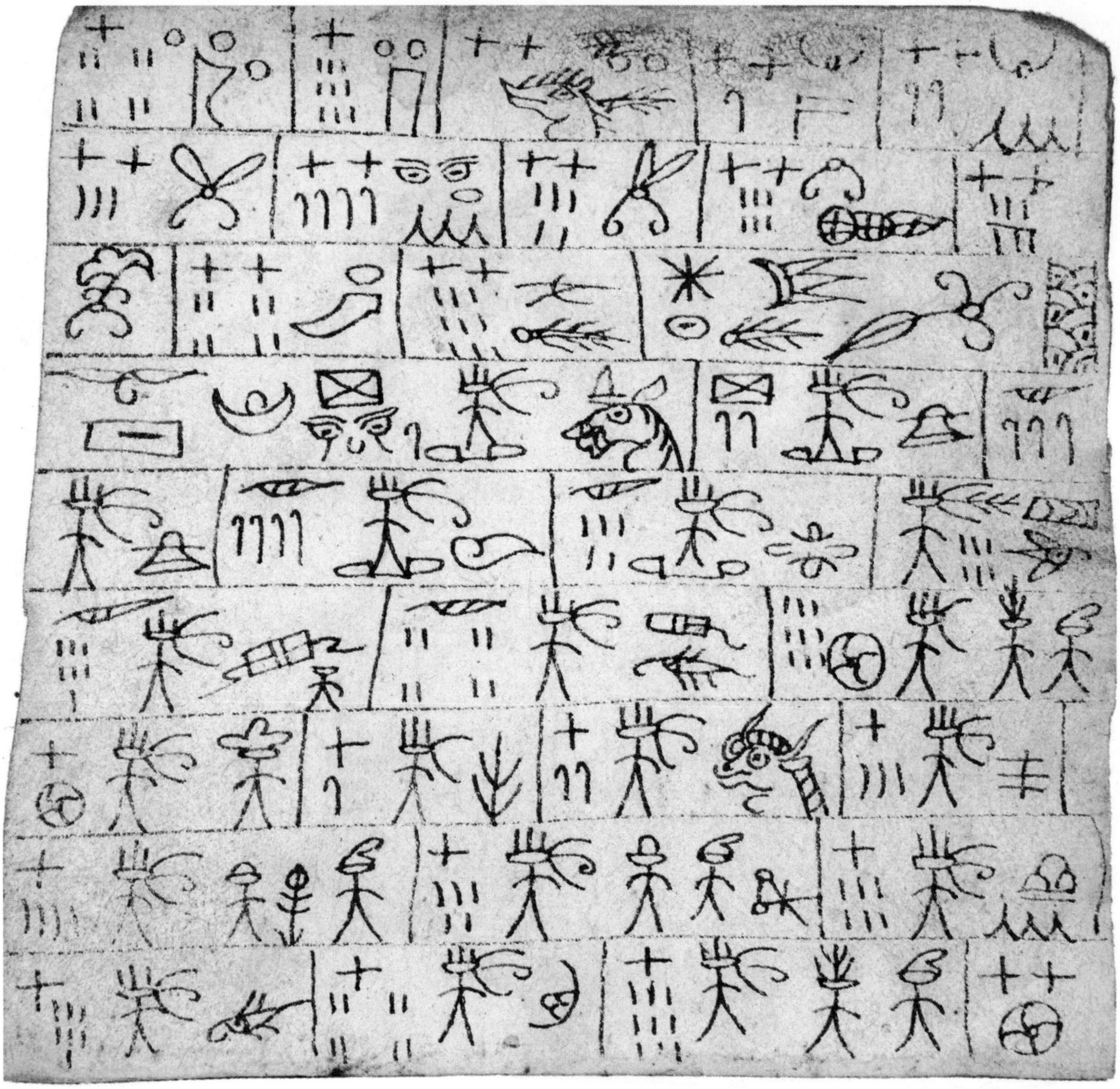

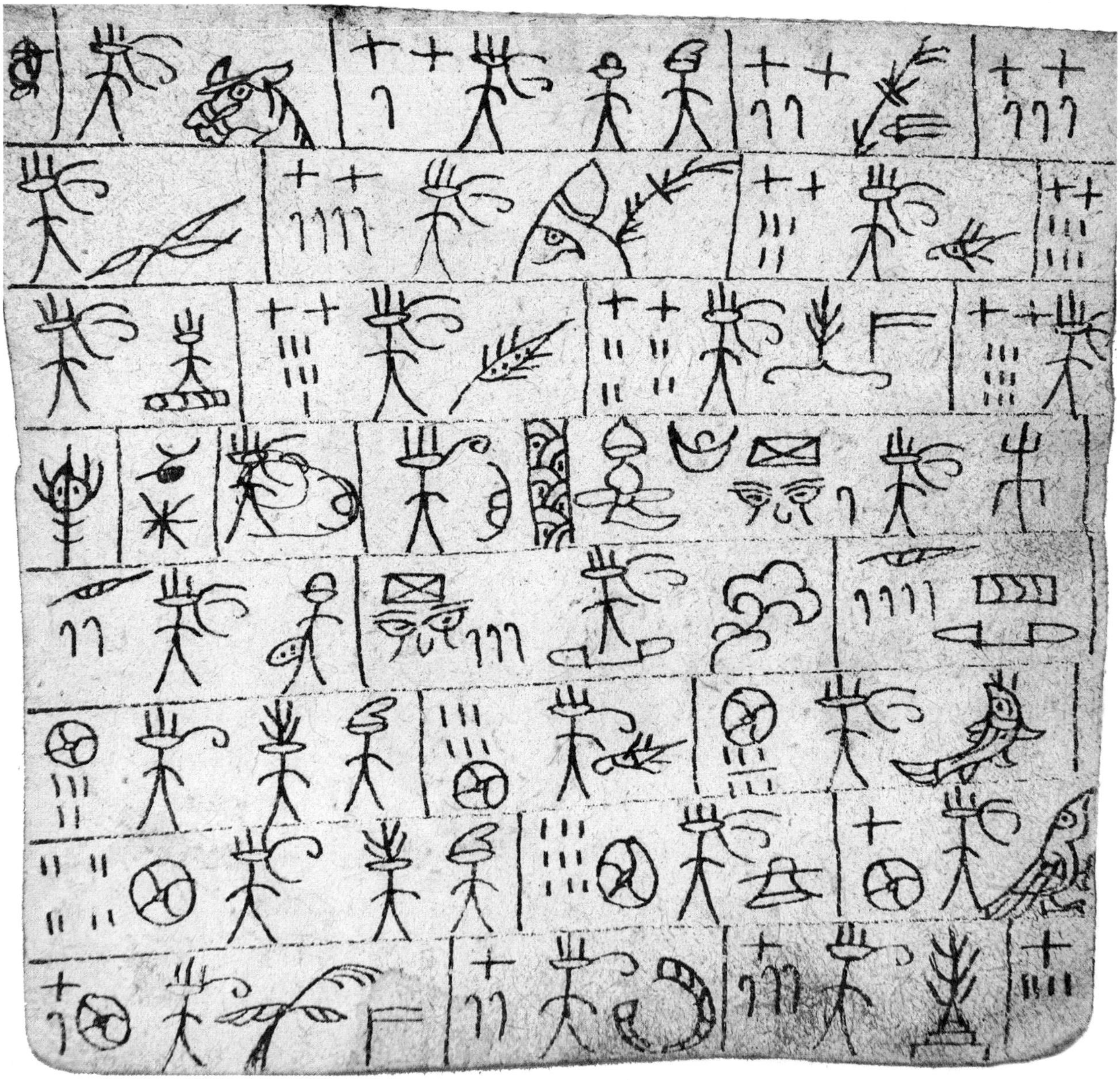

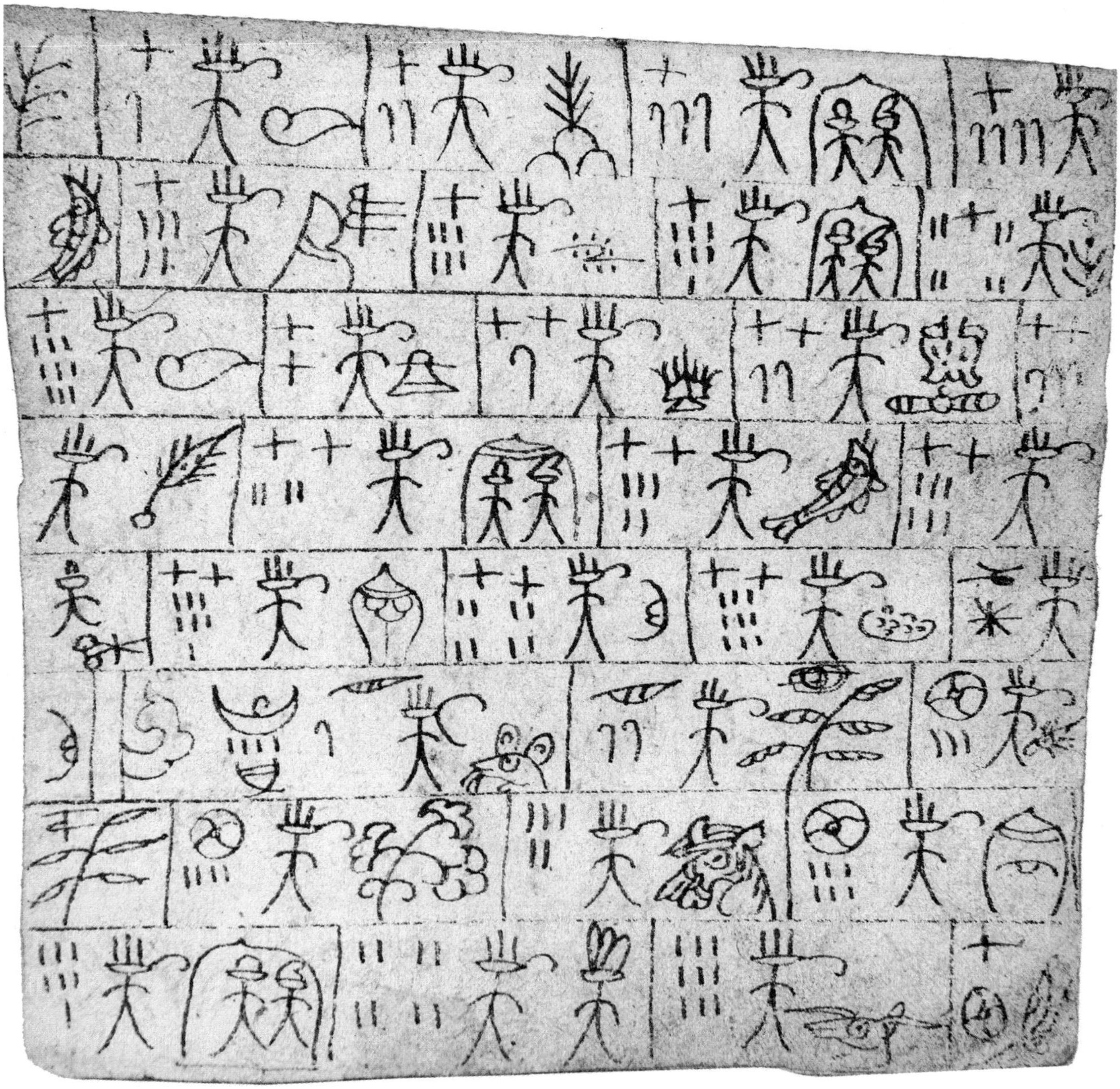

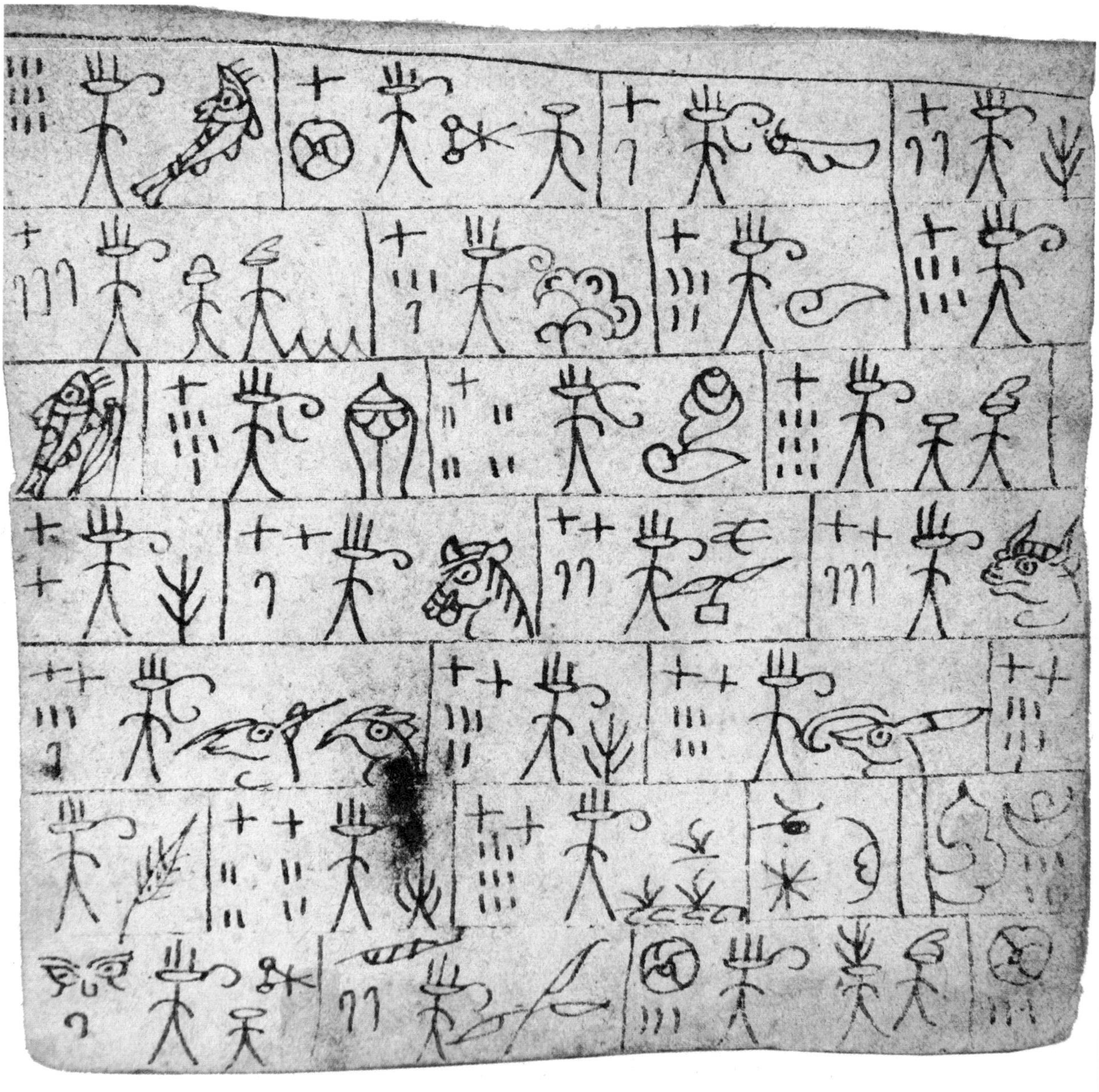

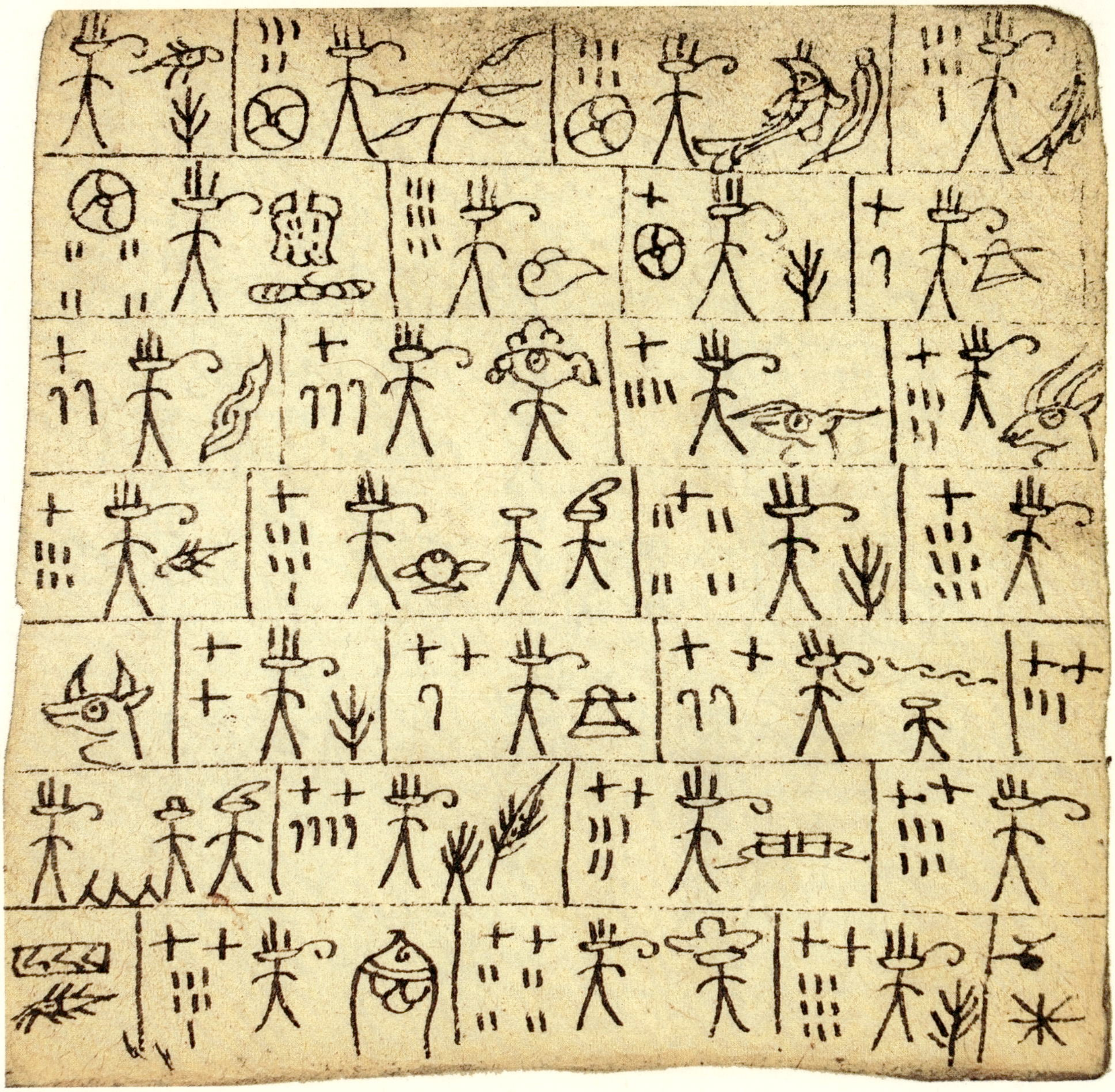

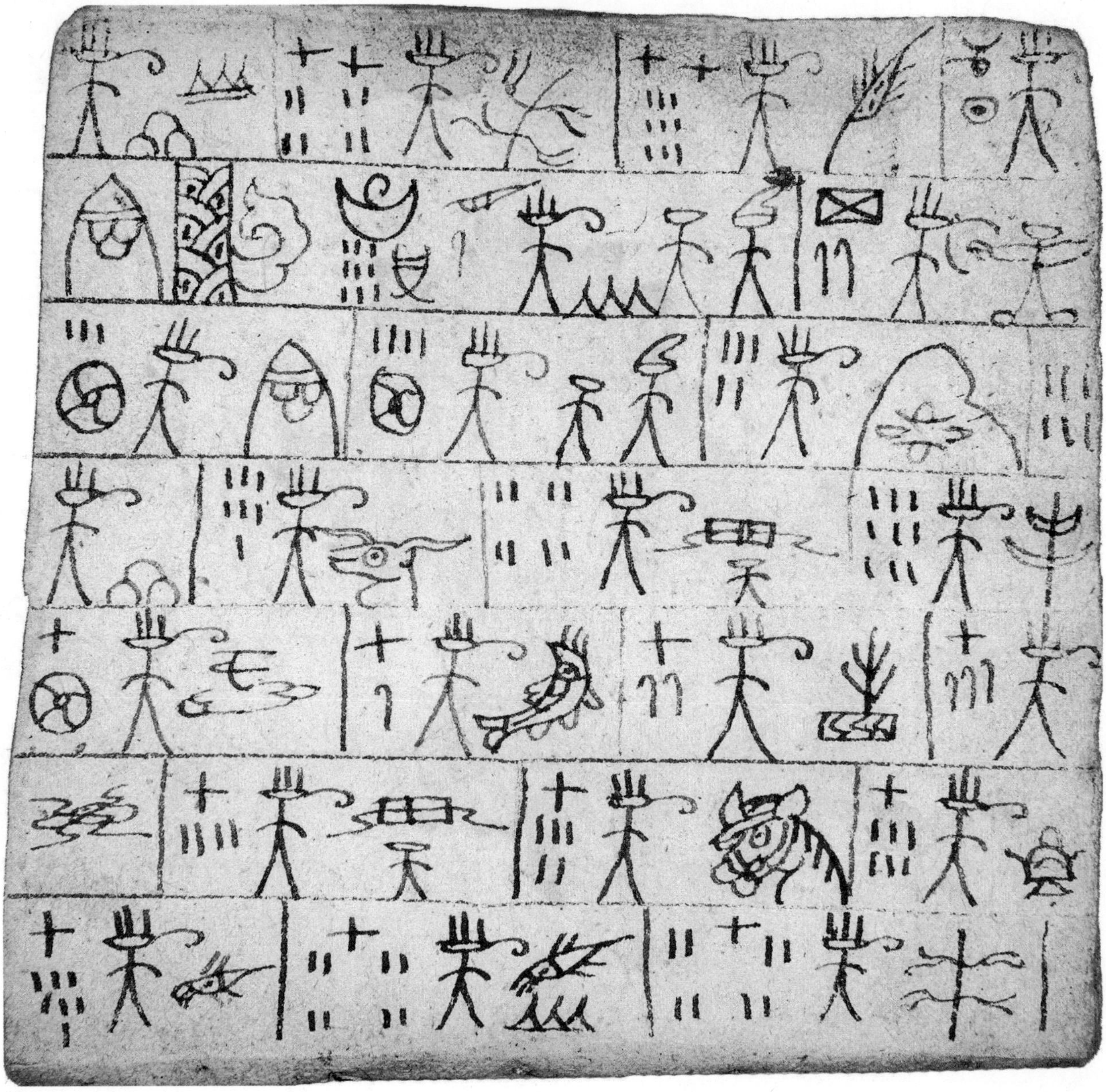

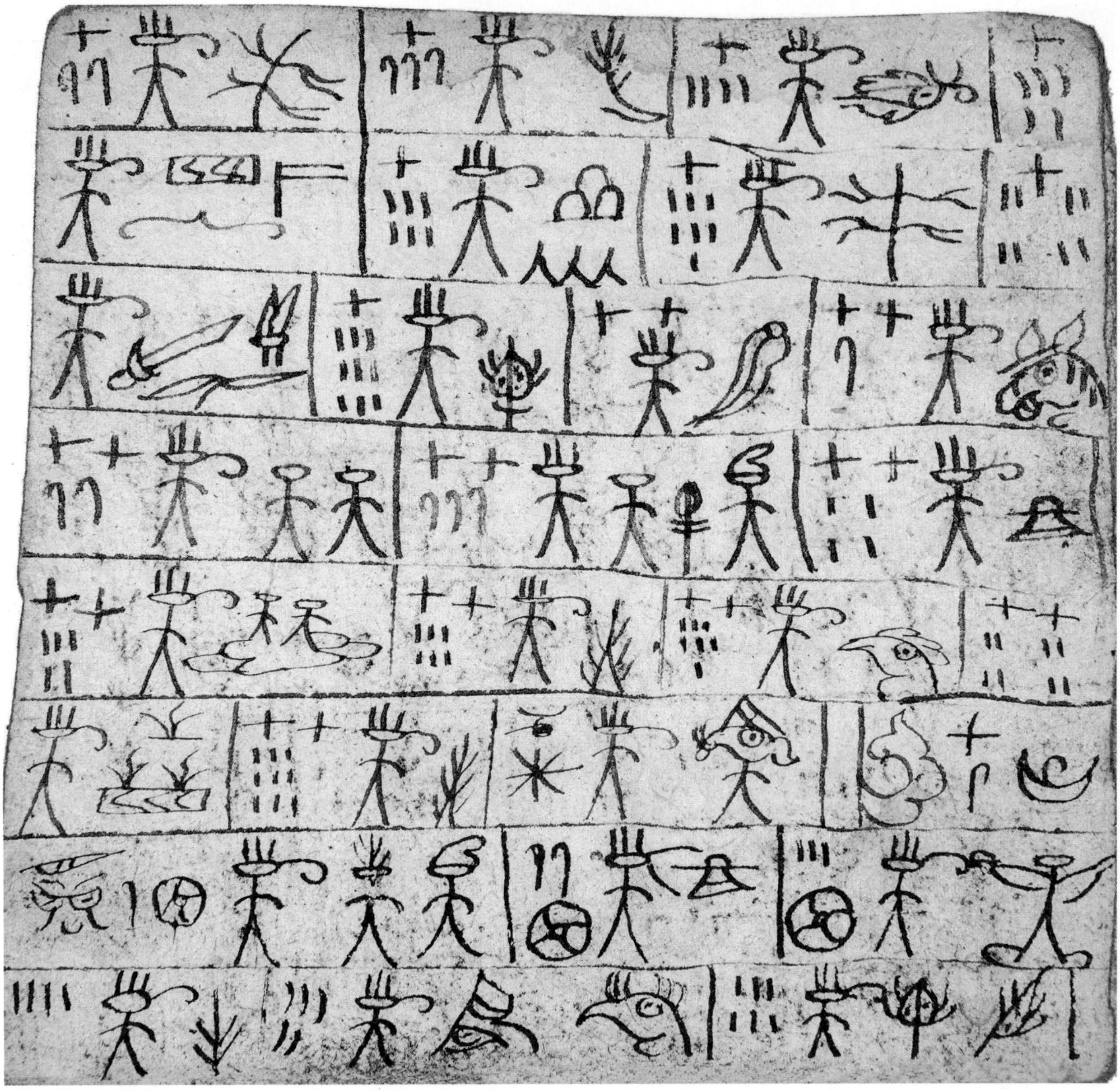

历算书（3）

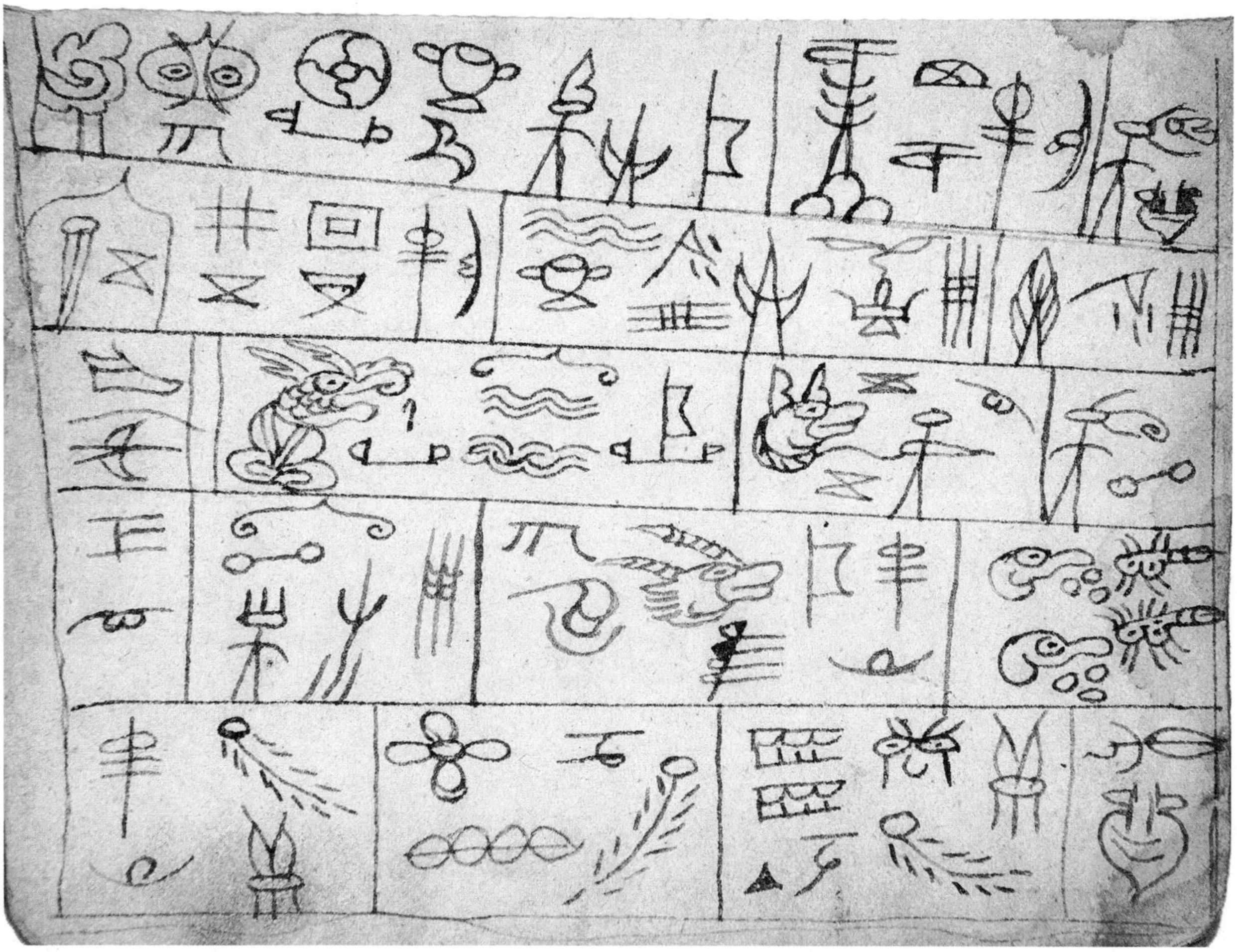

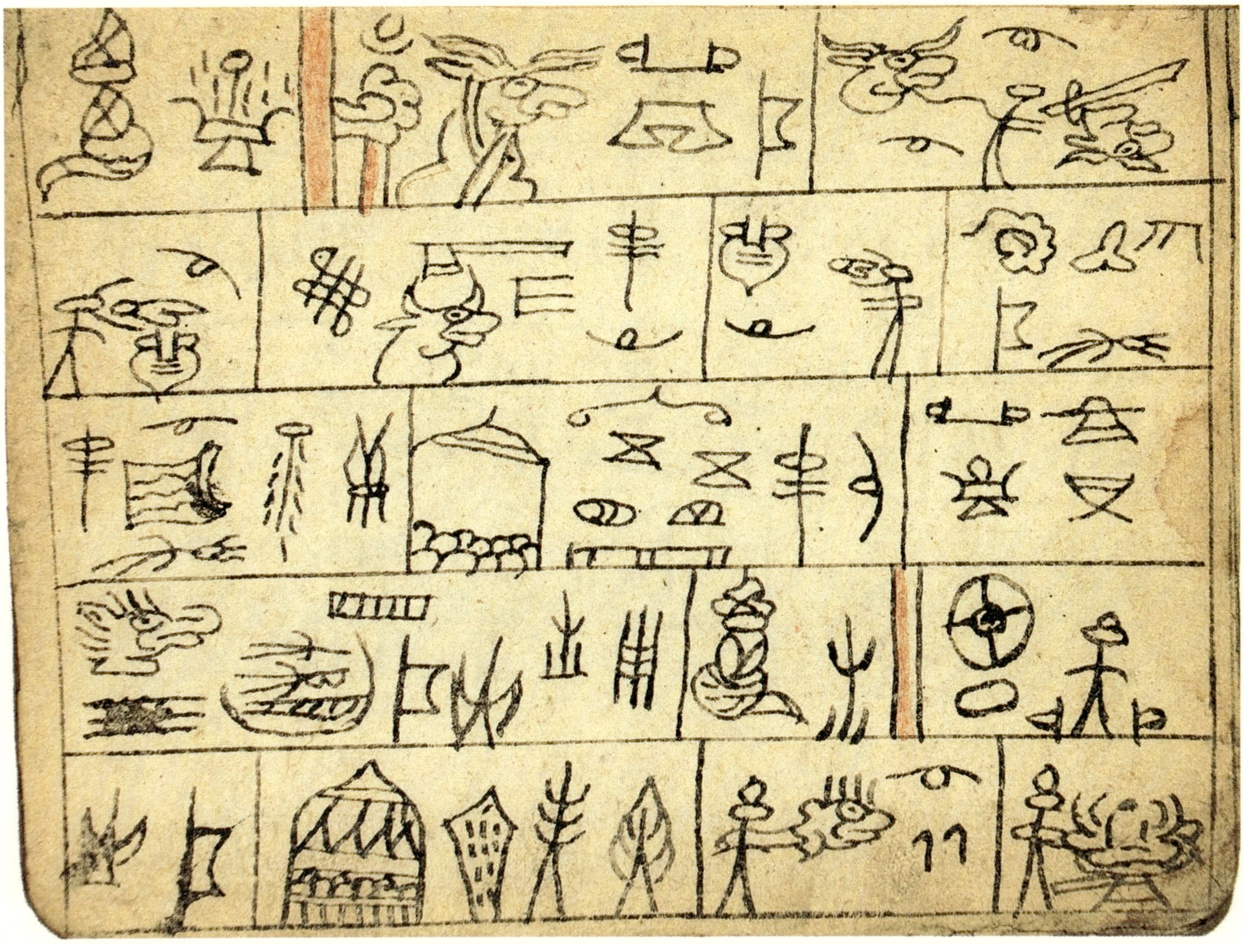

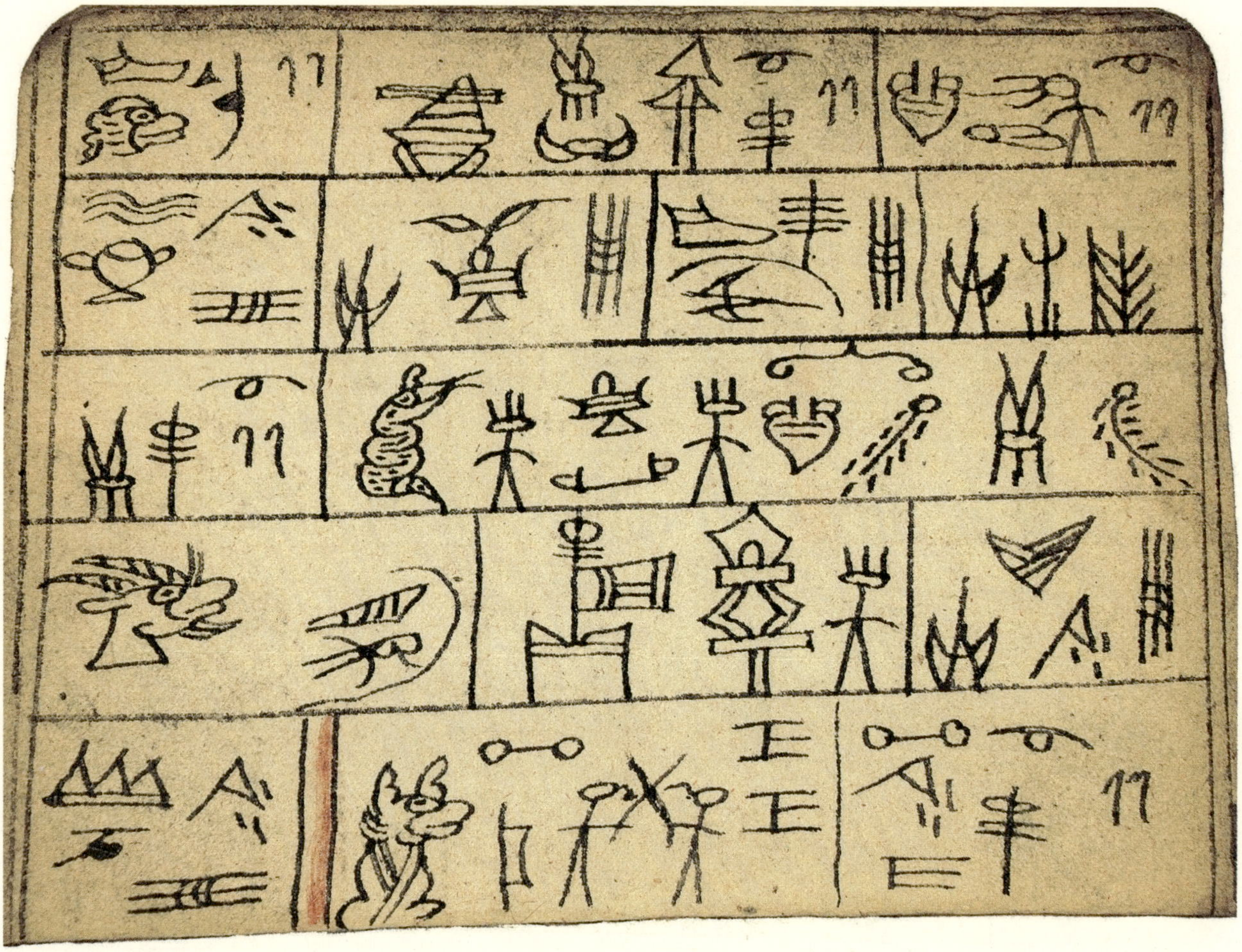

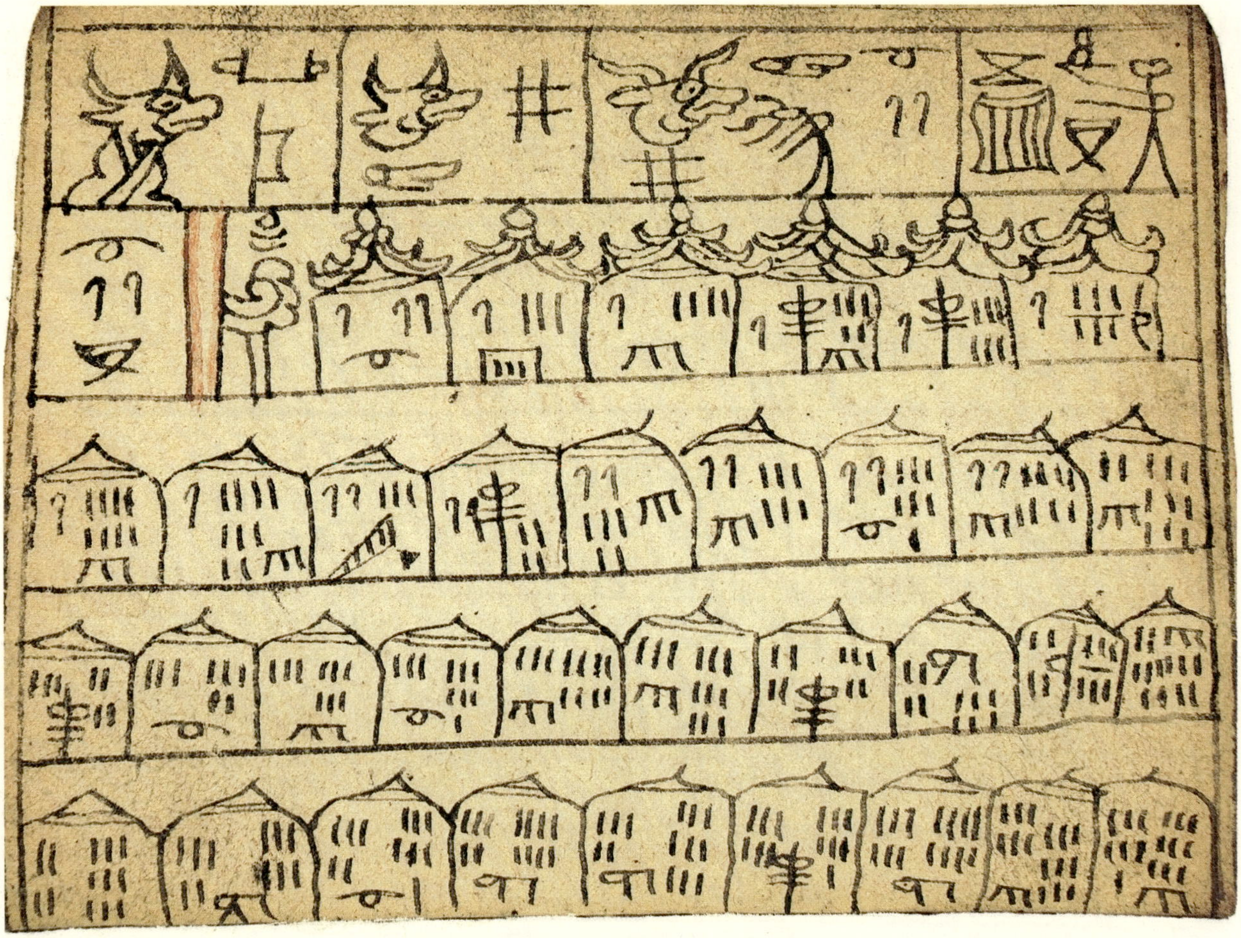

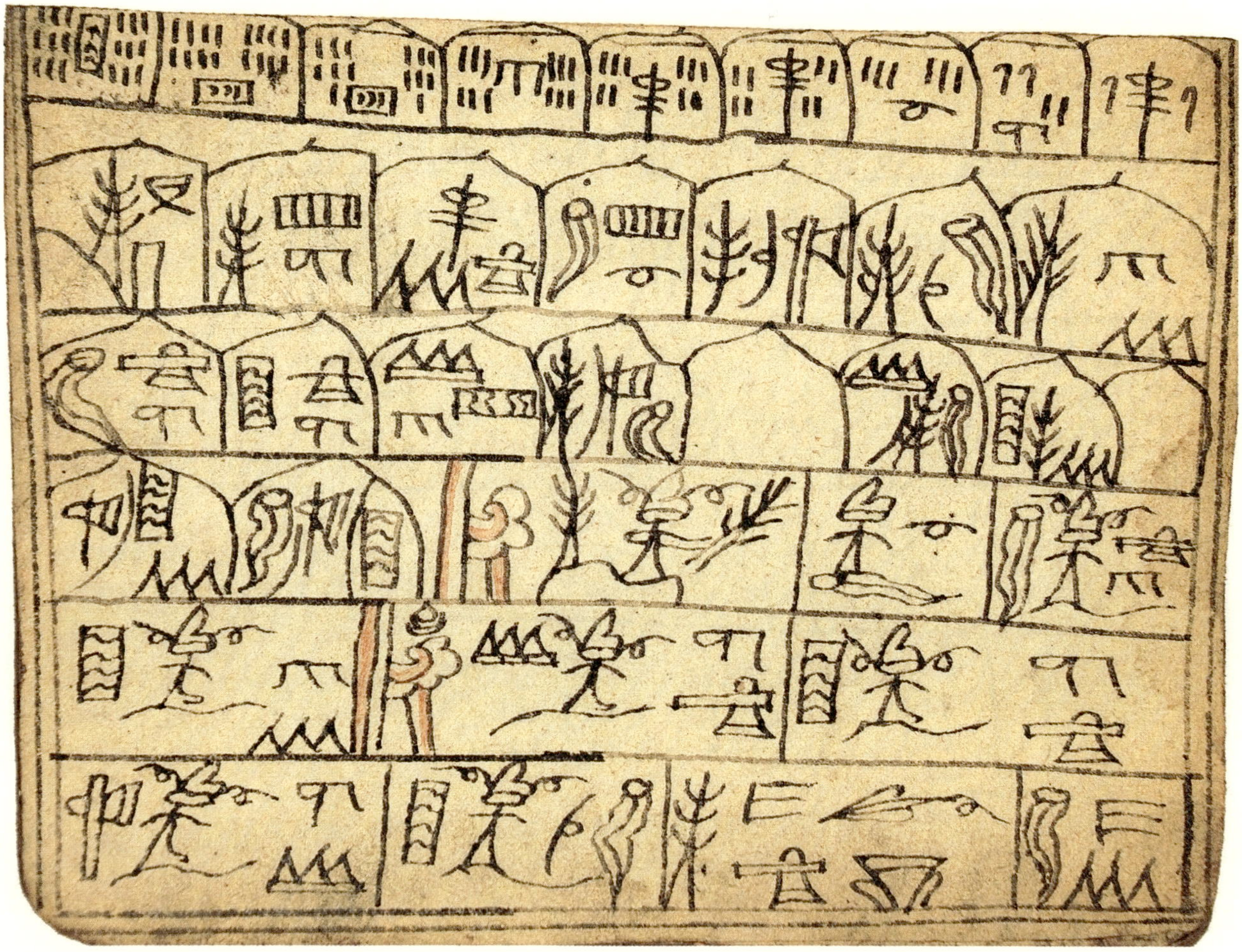

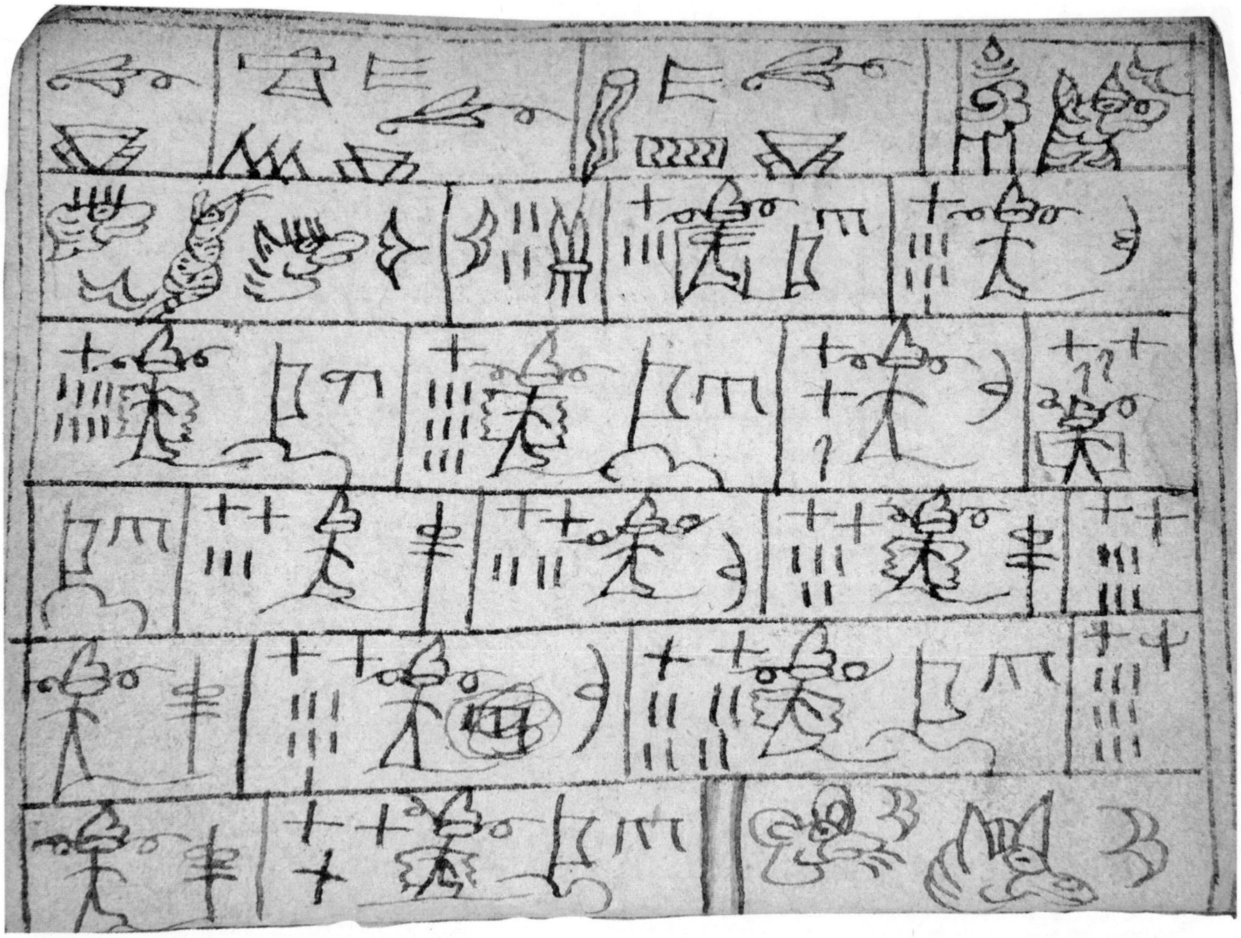

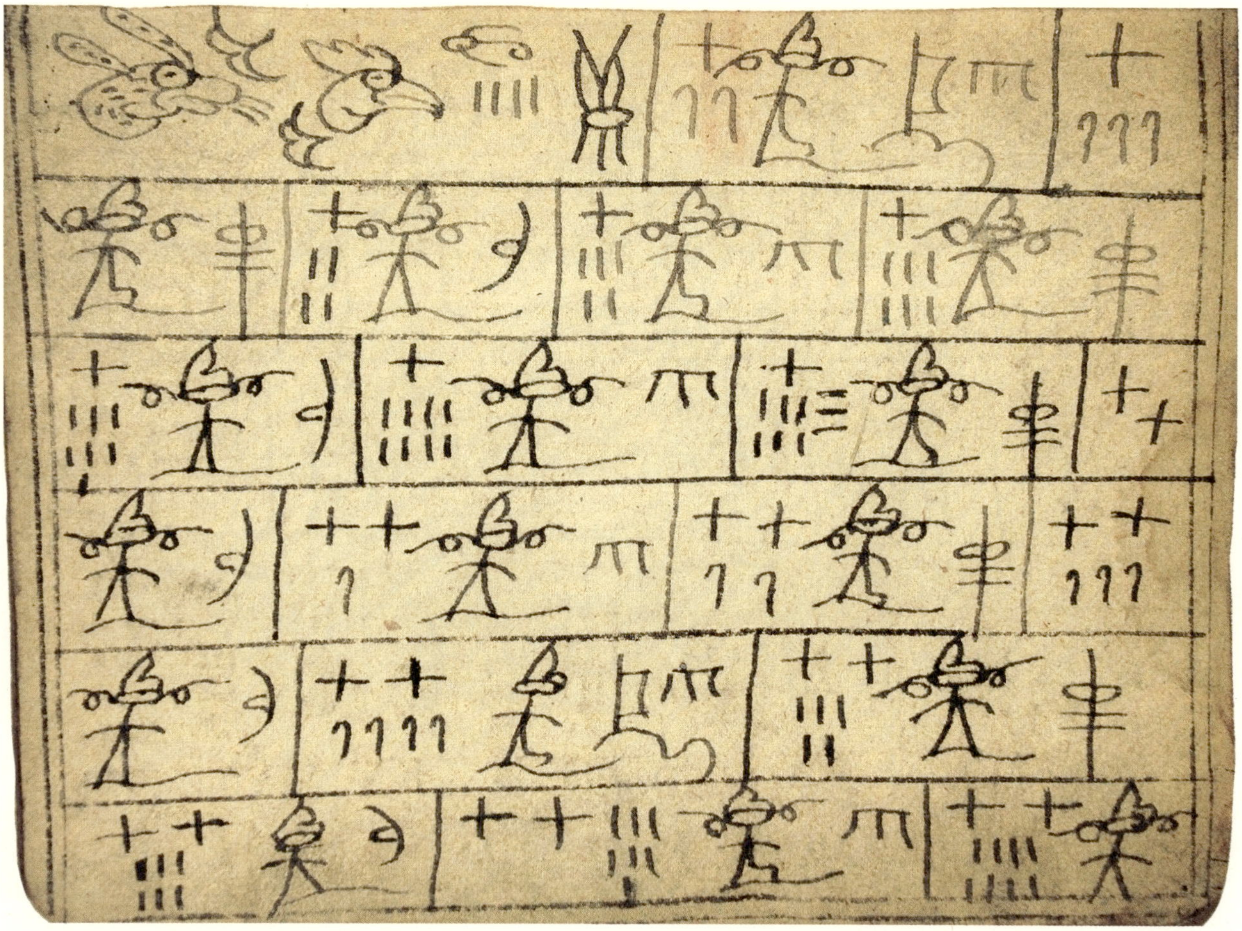

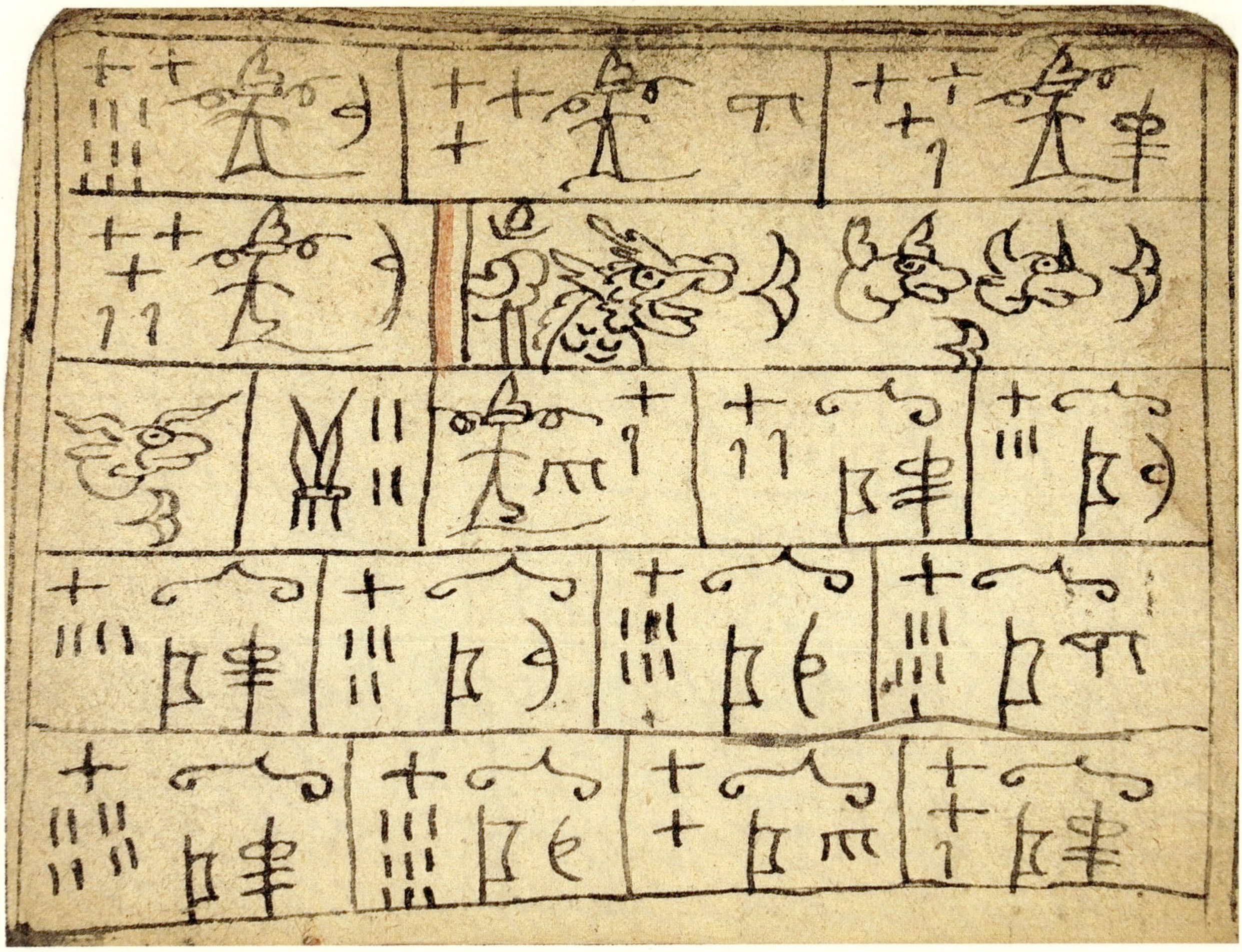

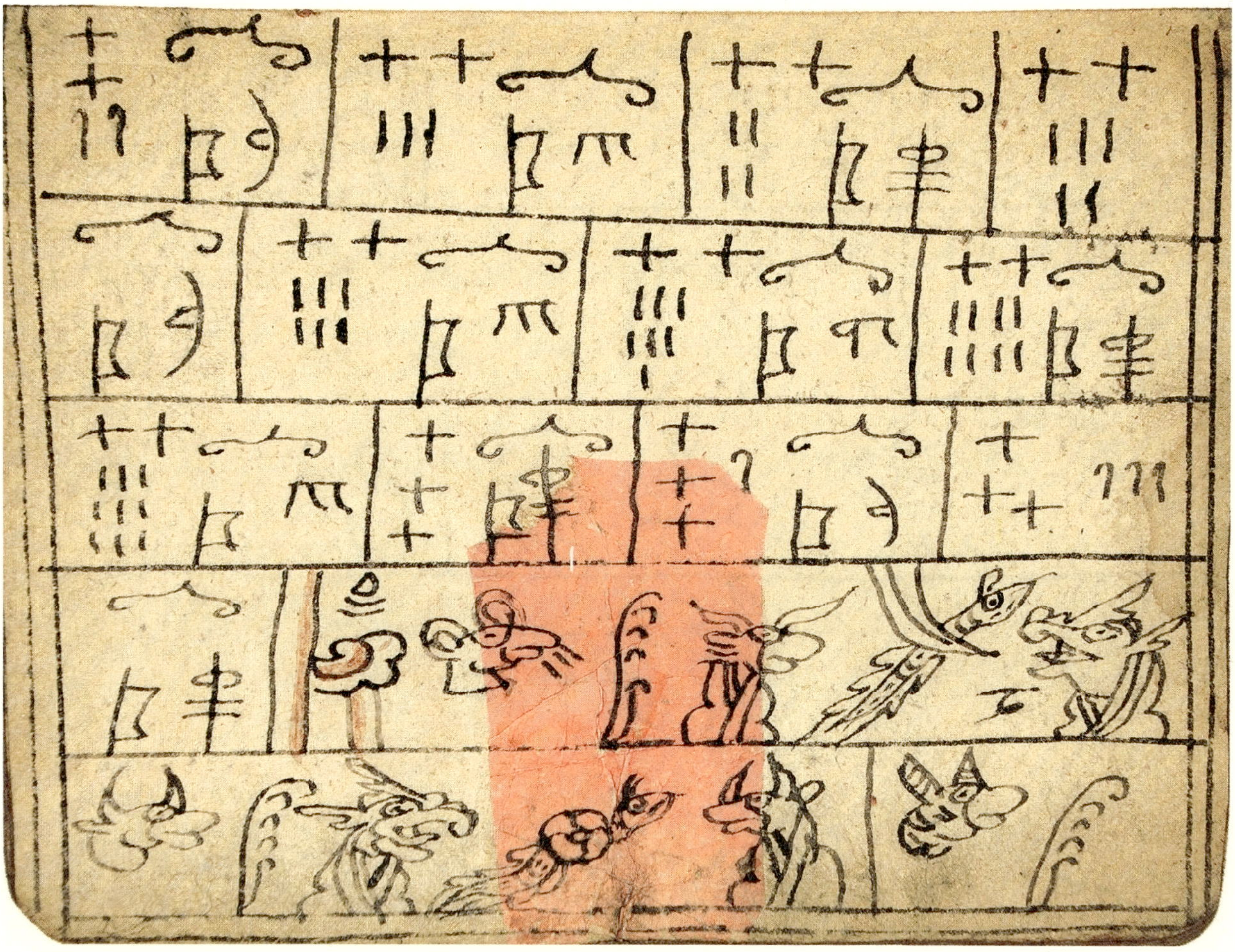

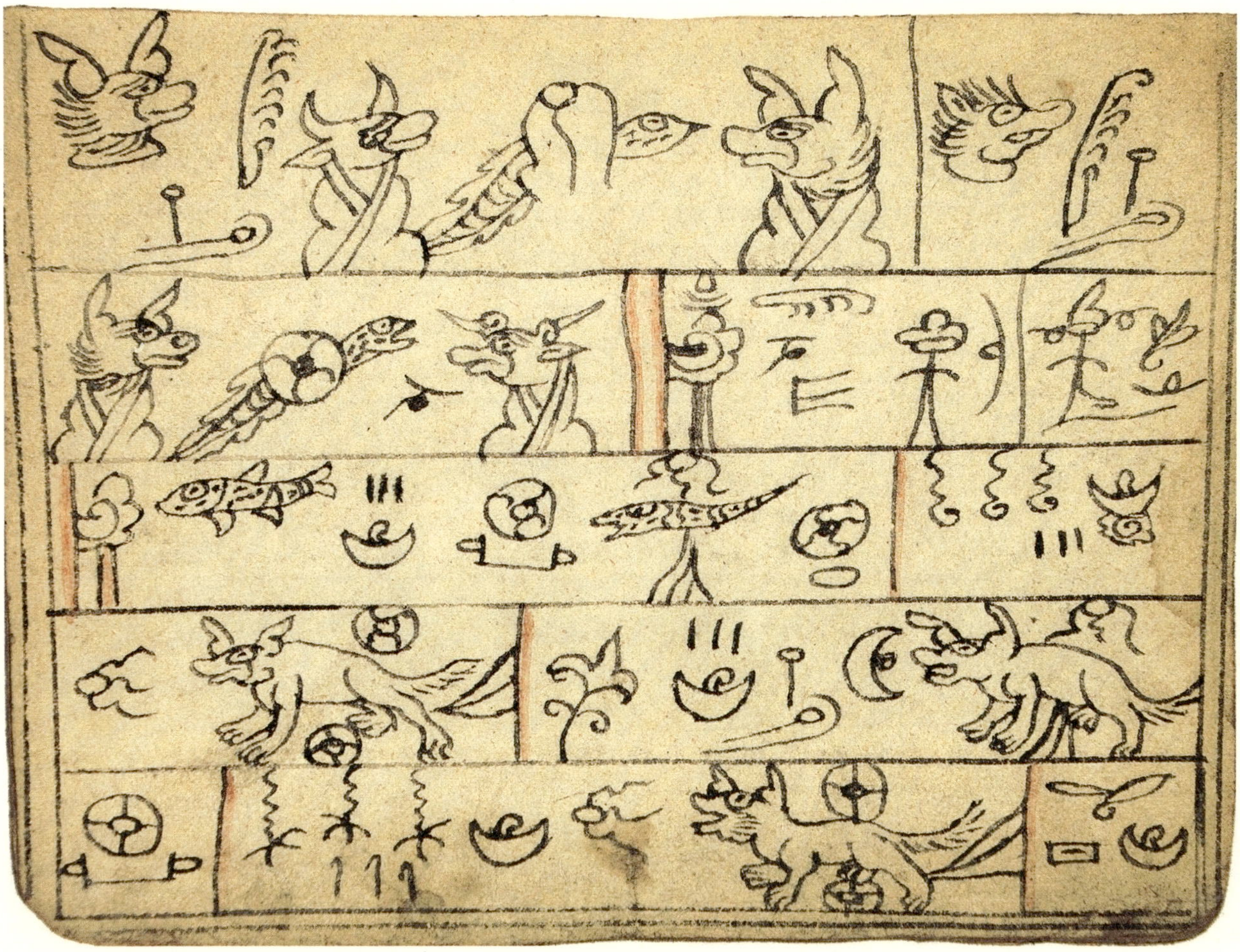

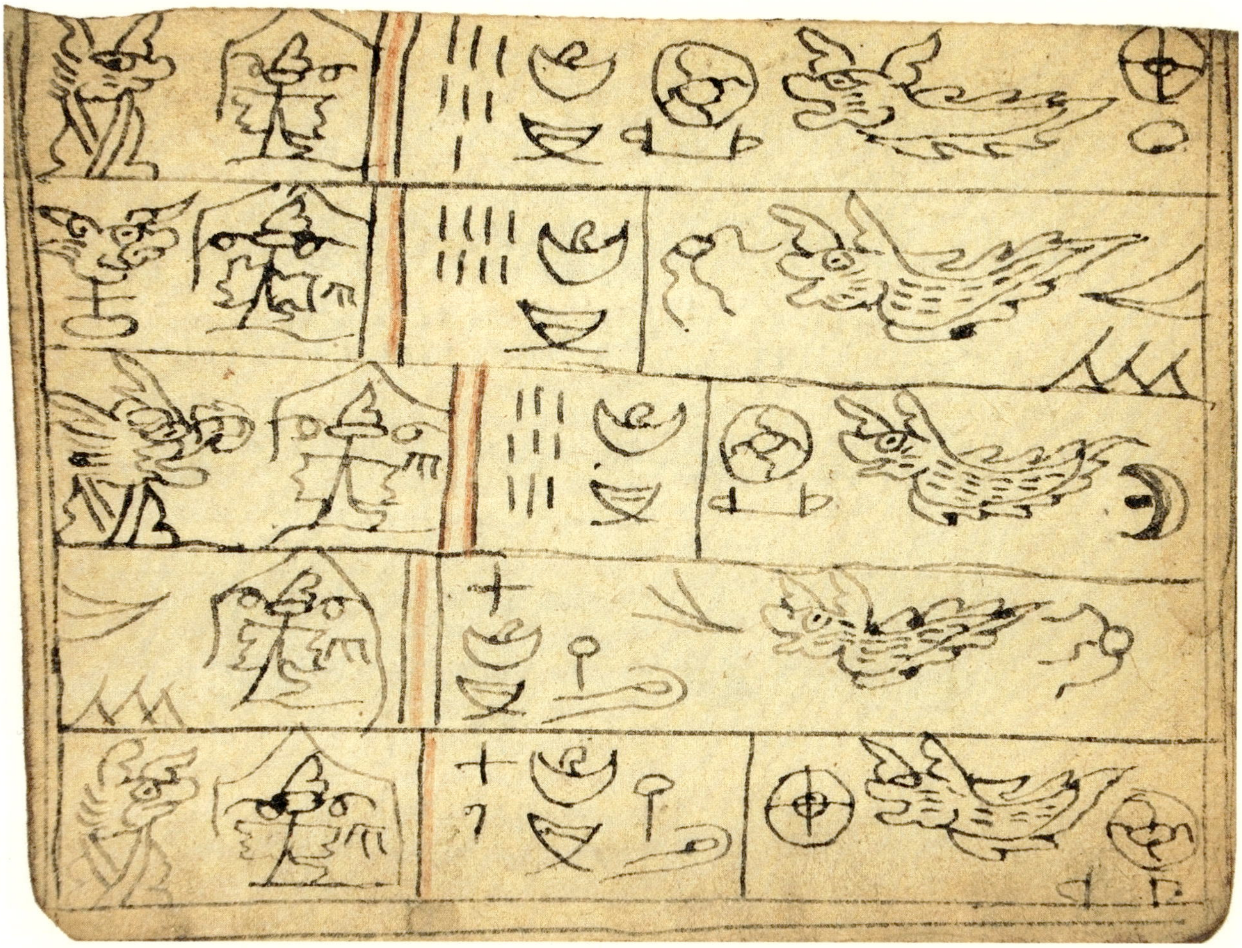

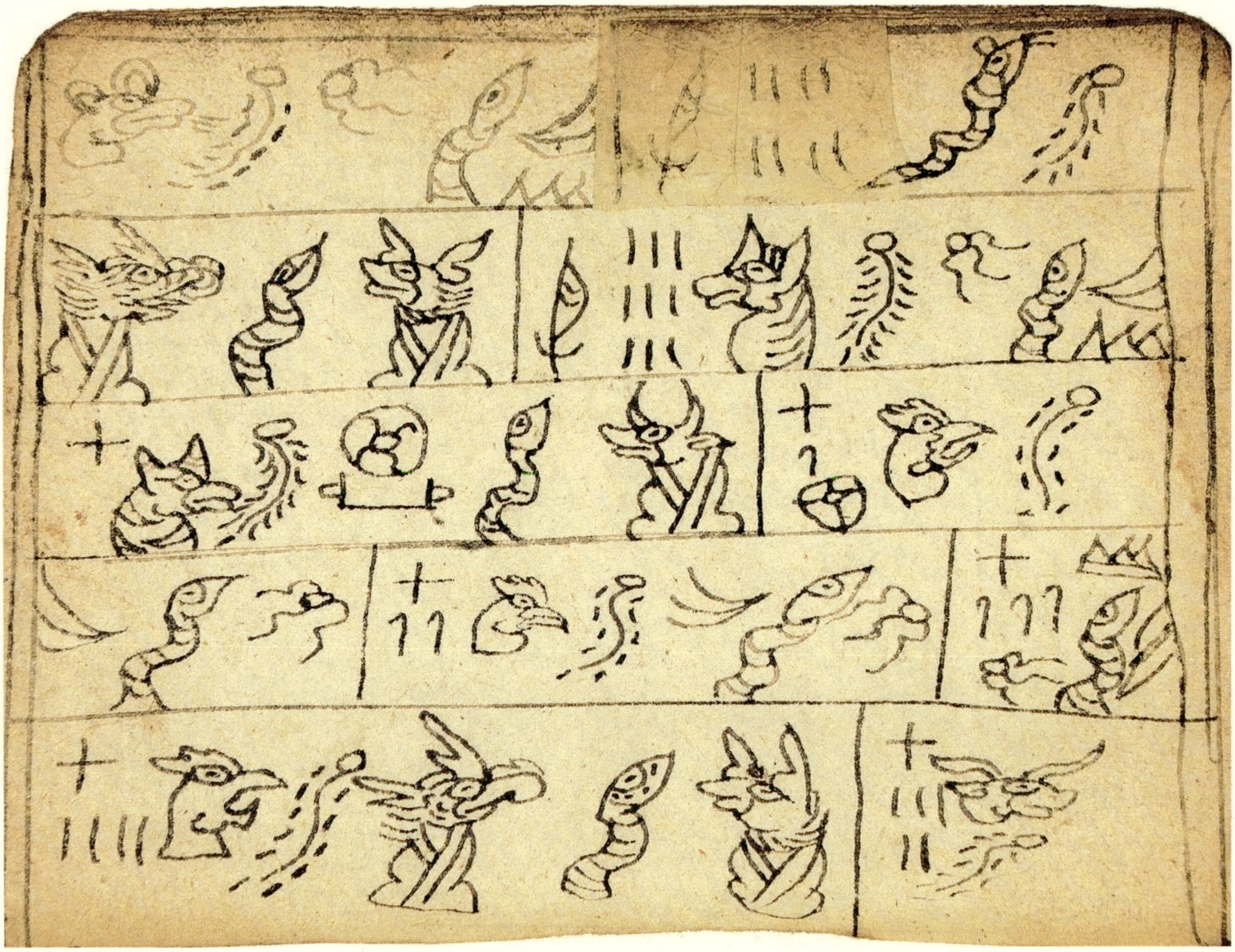

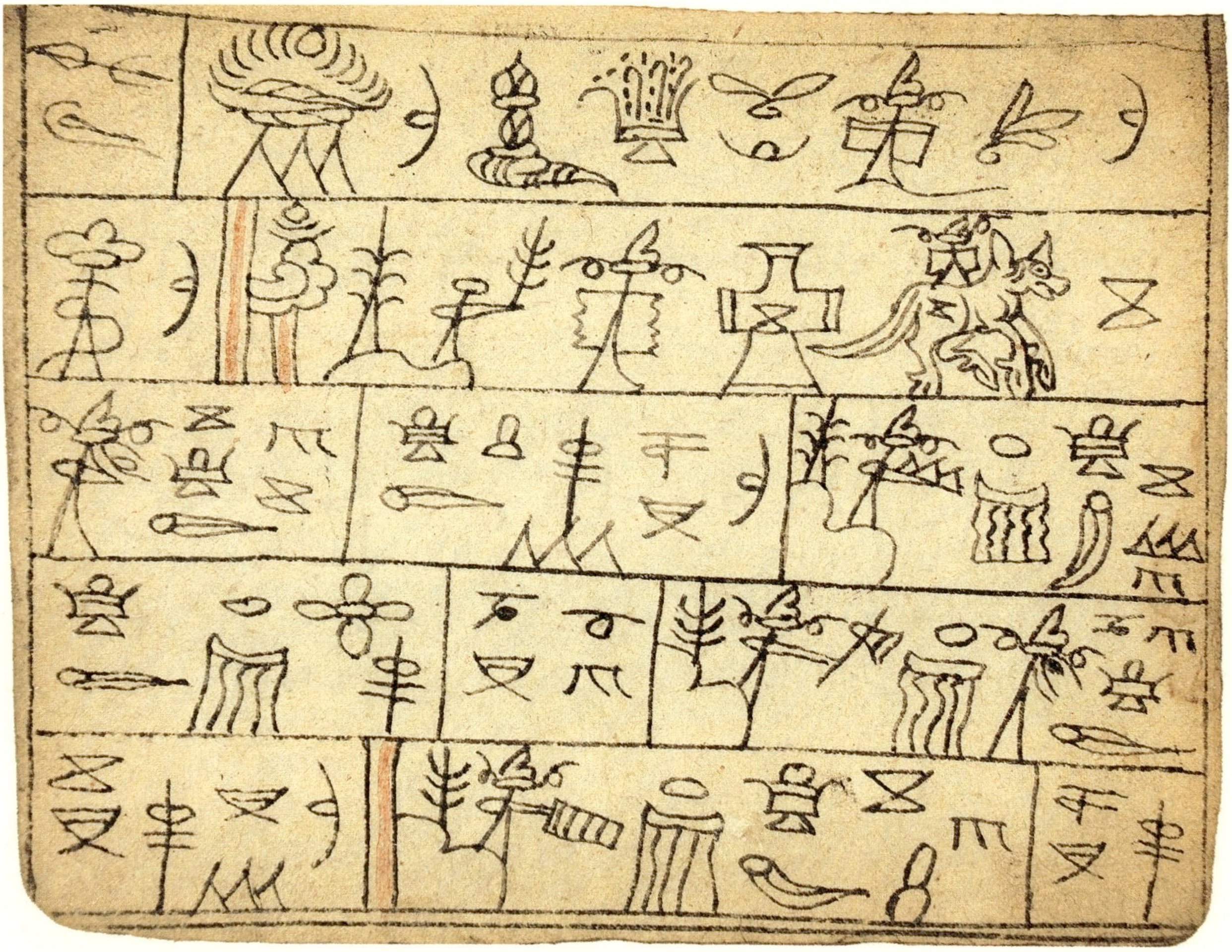

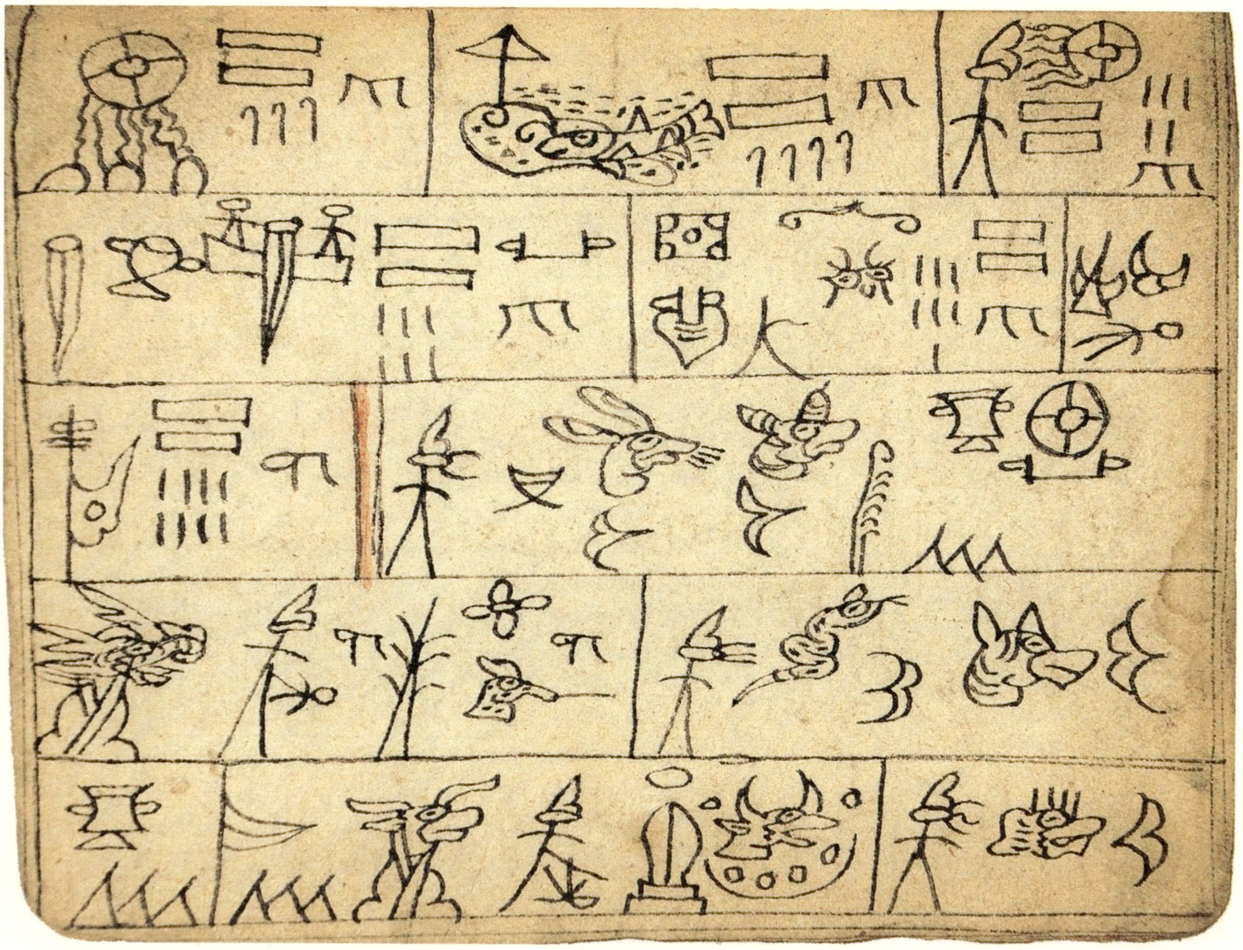

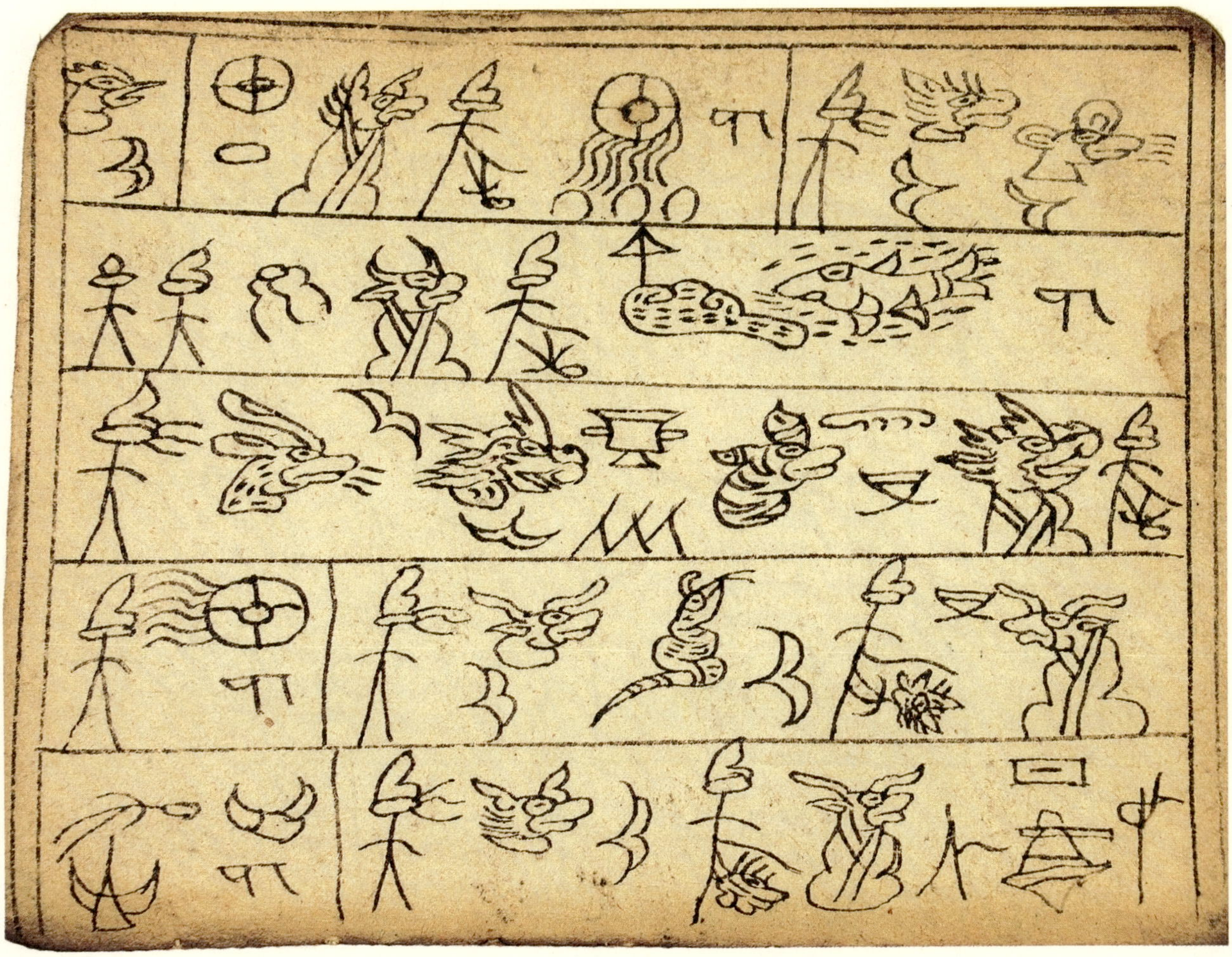

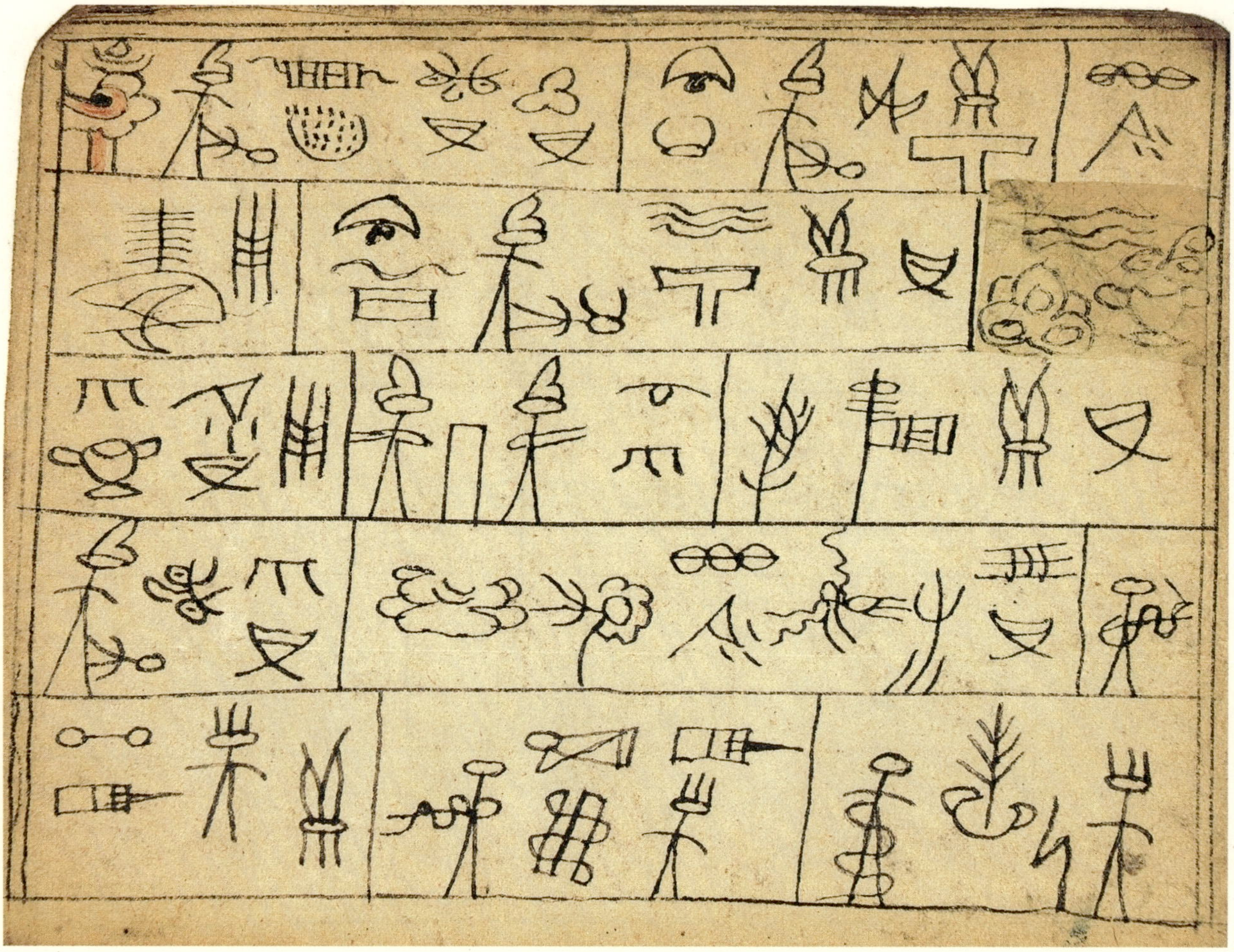

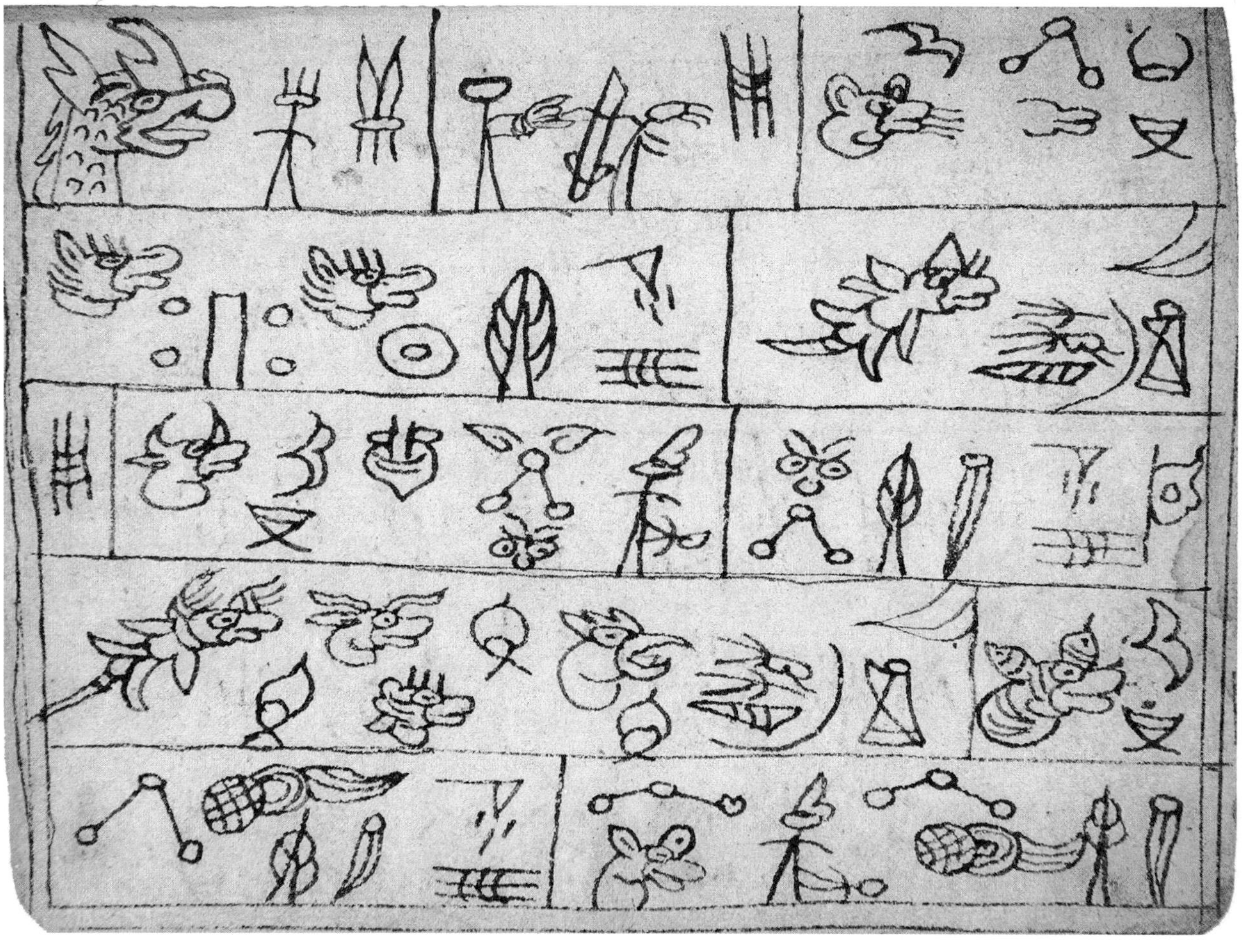

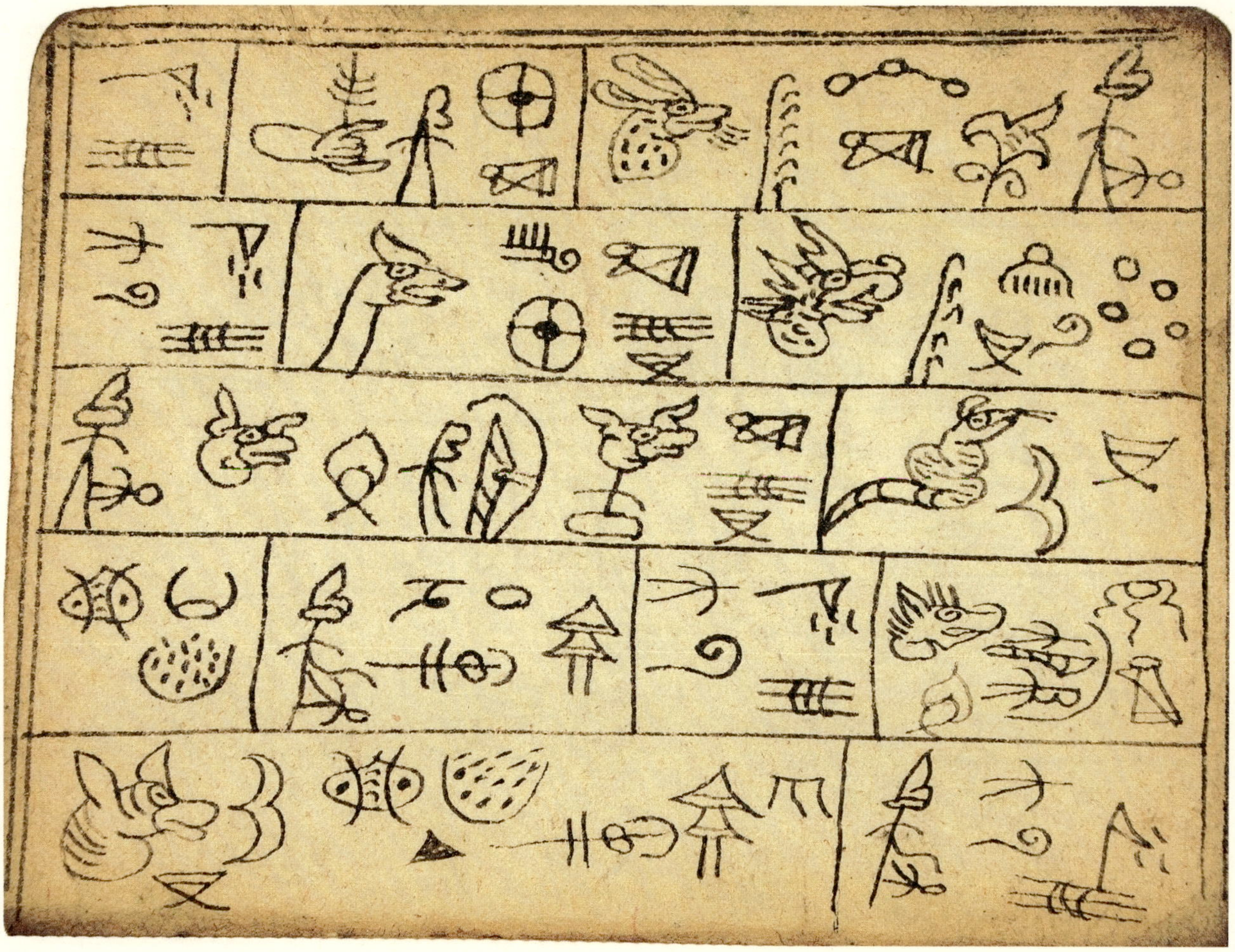

历算书（4）

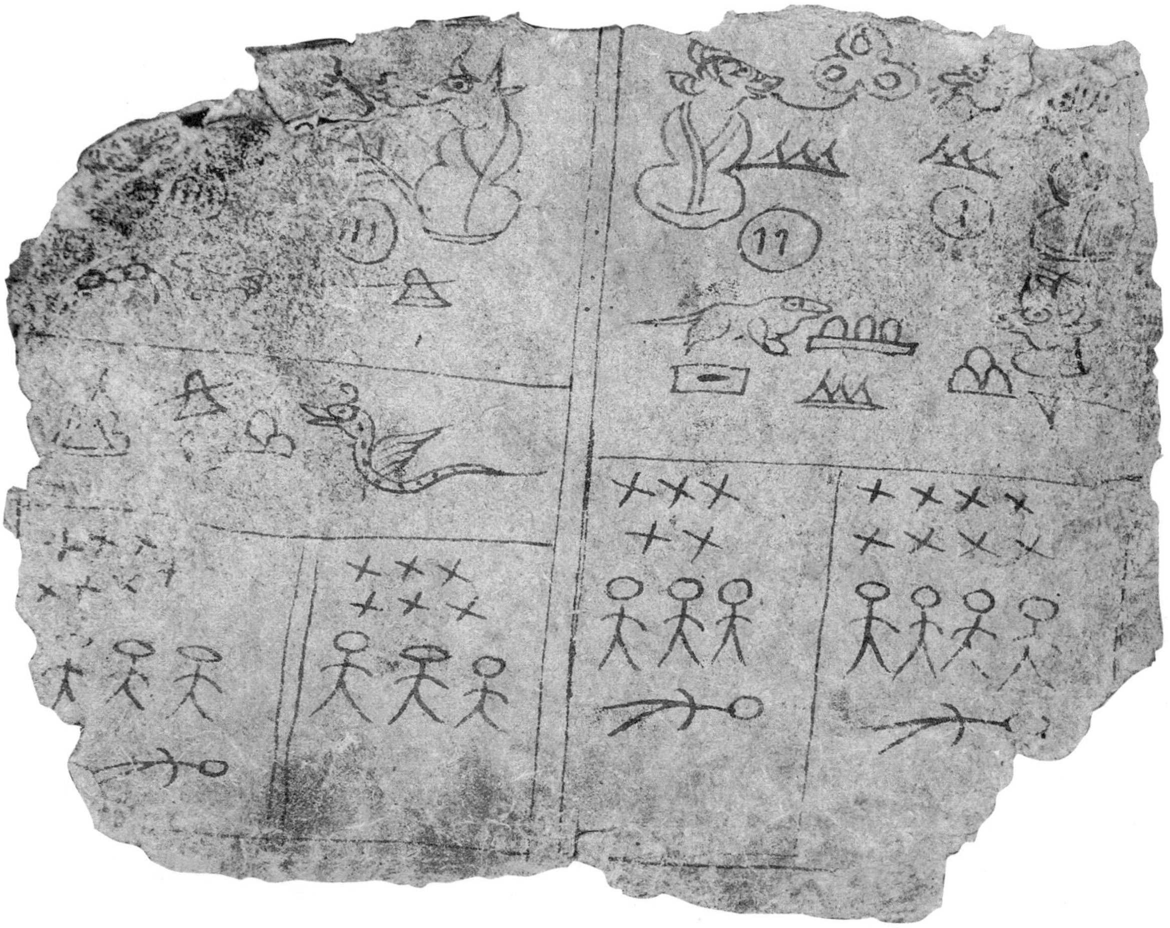

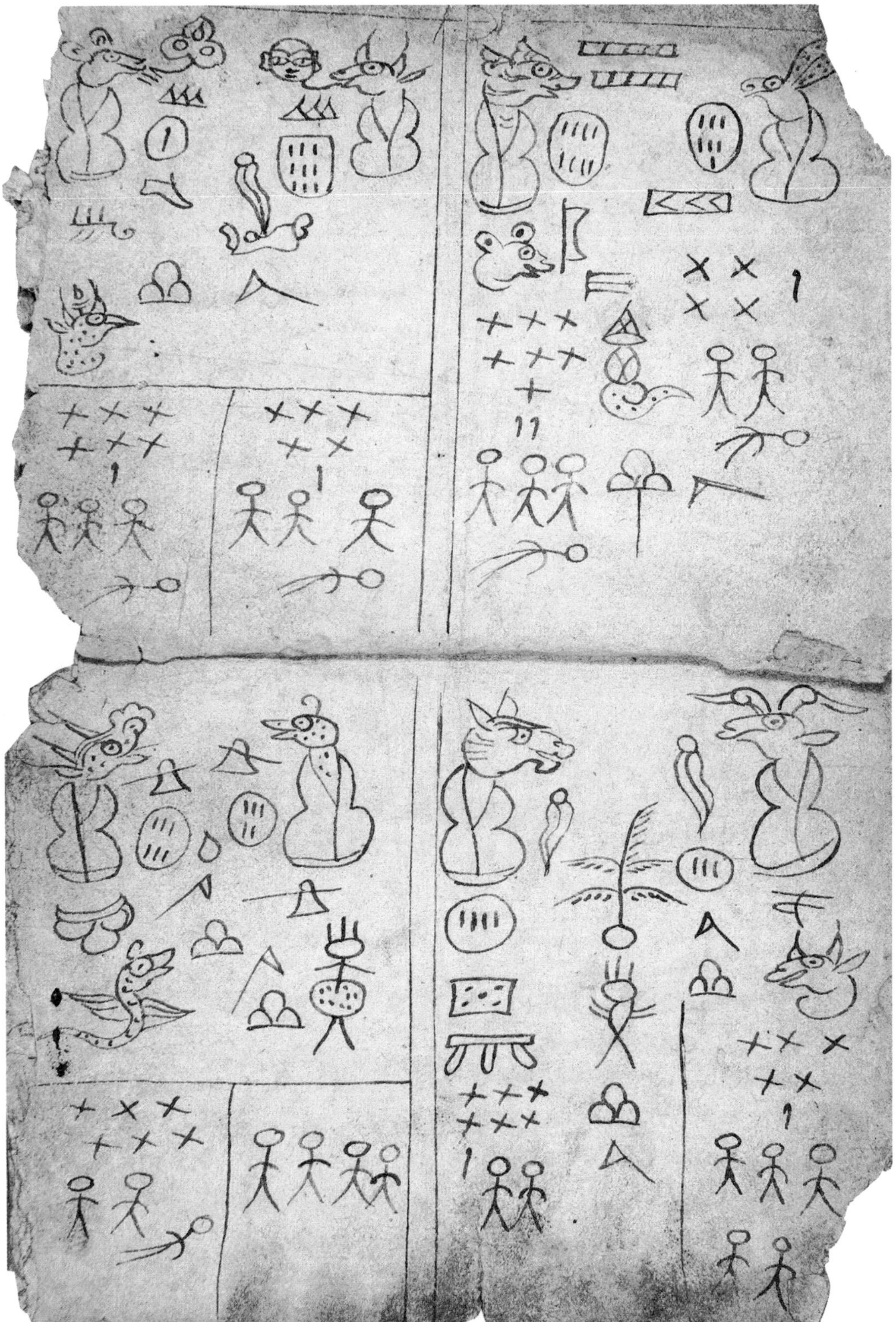

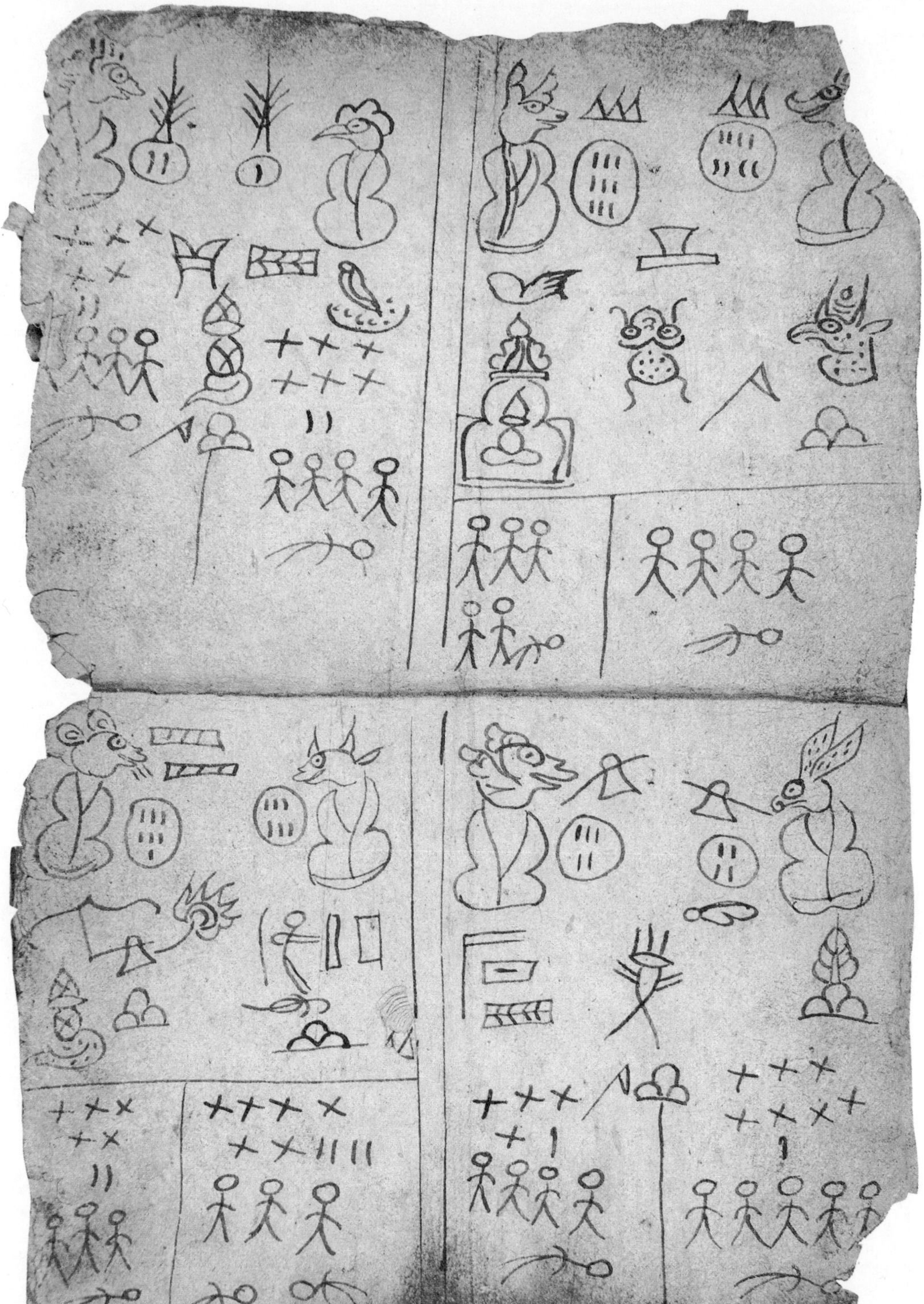

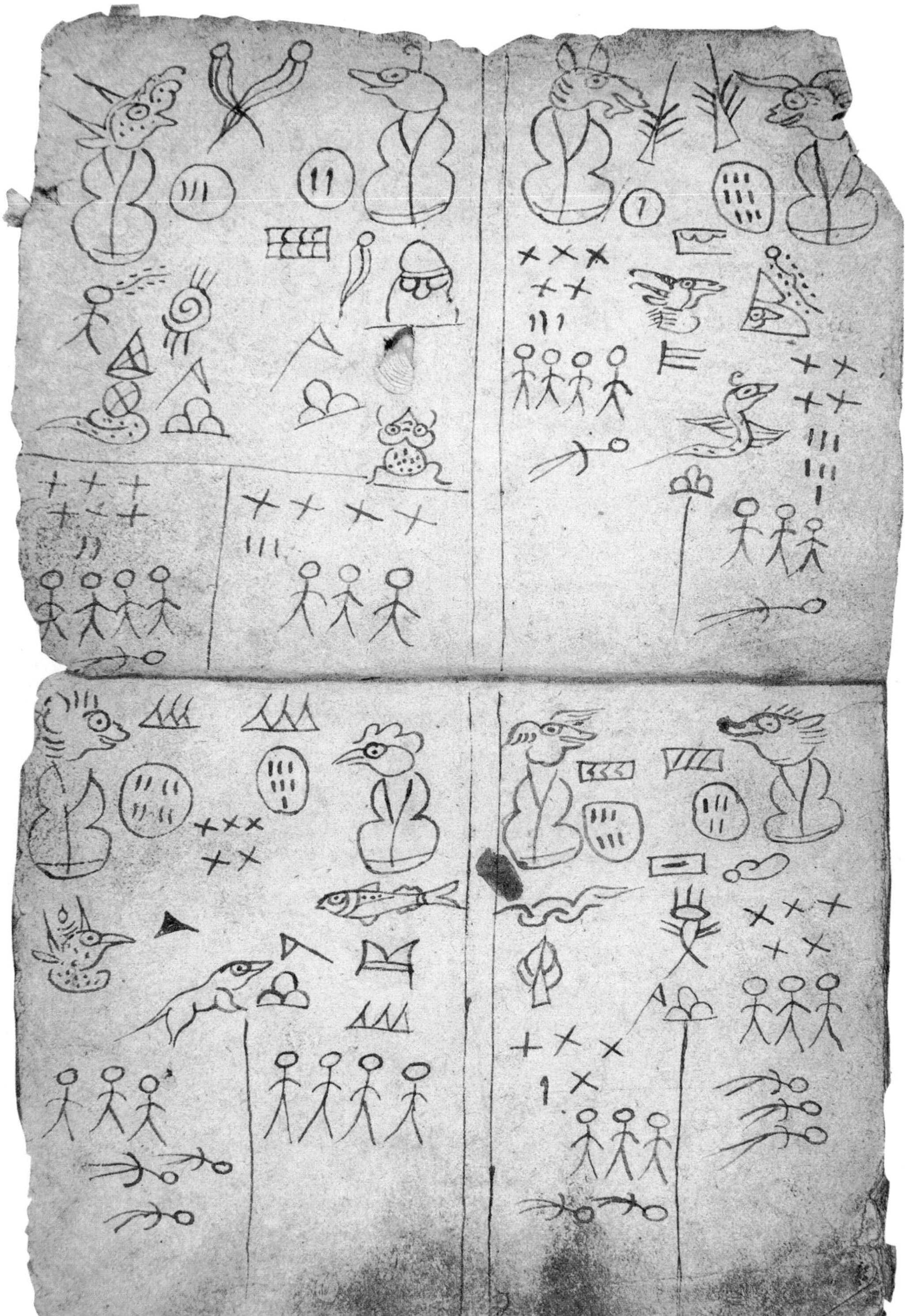

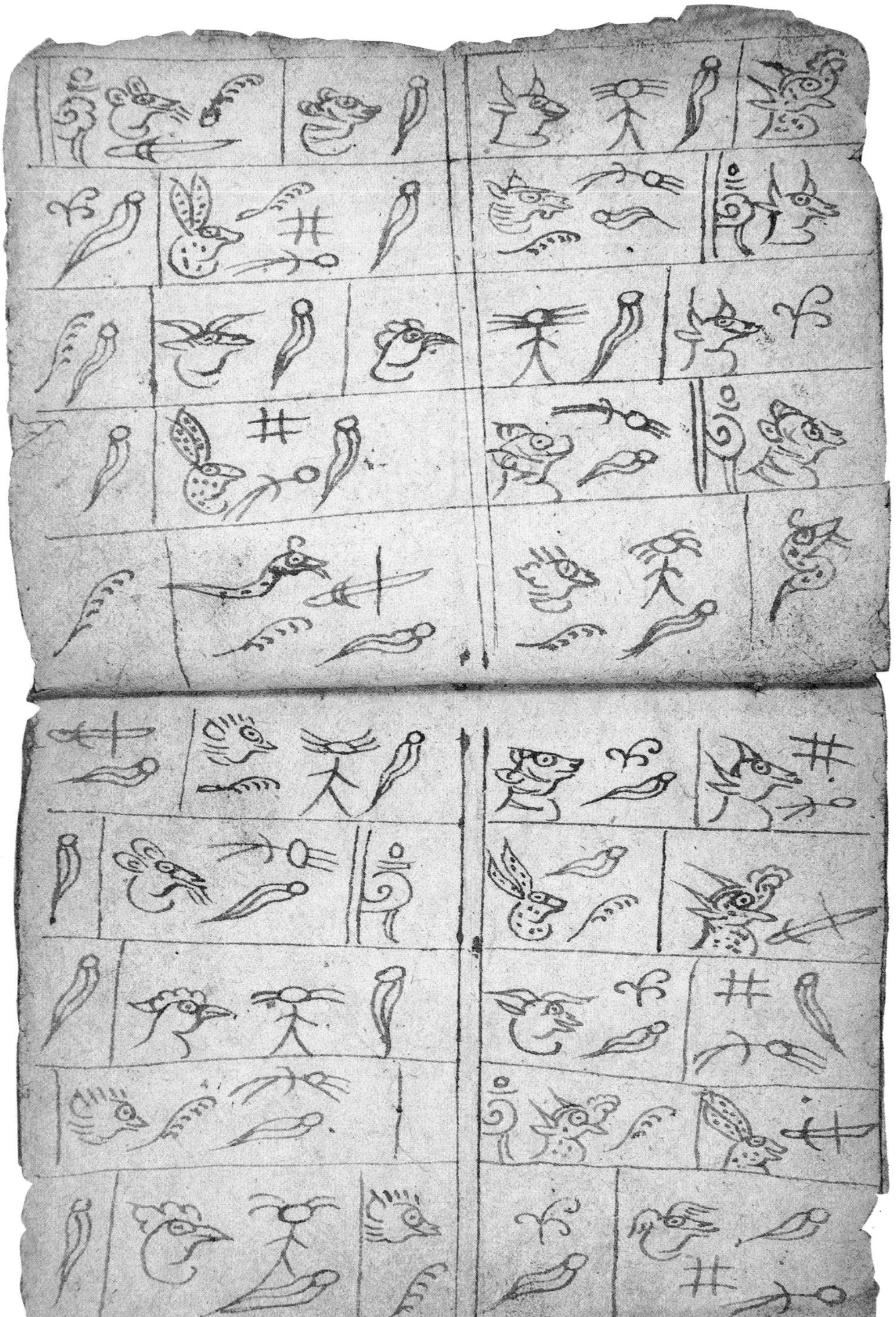

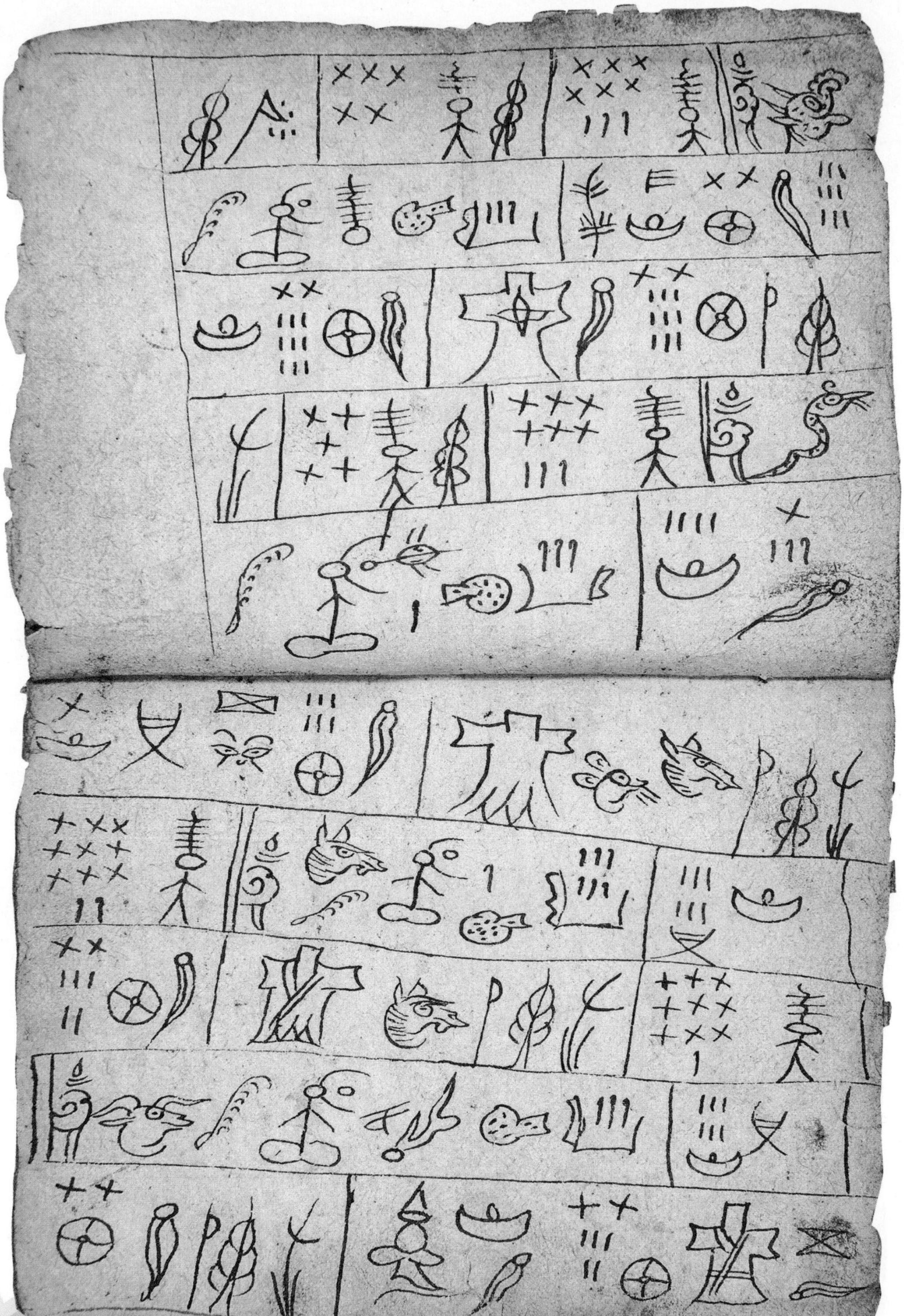

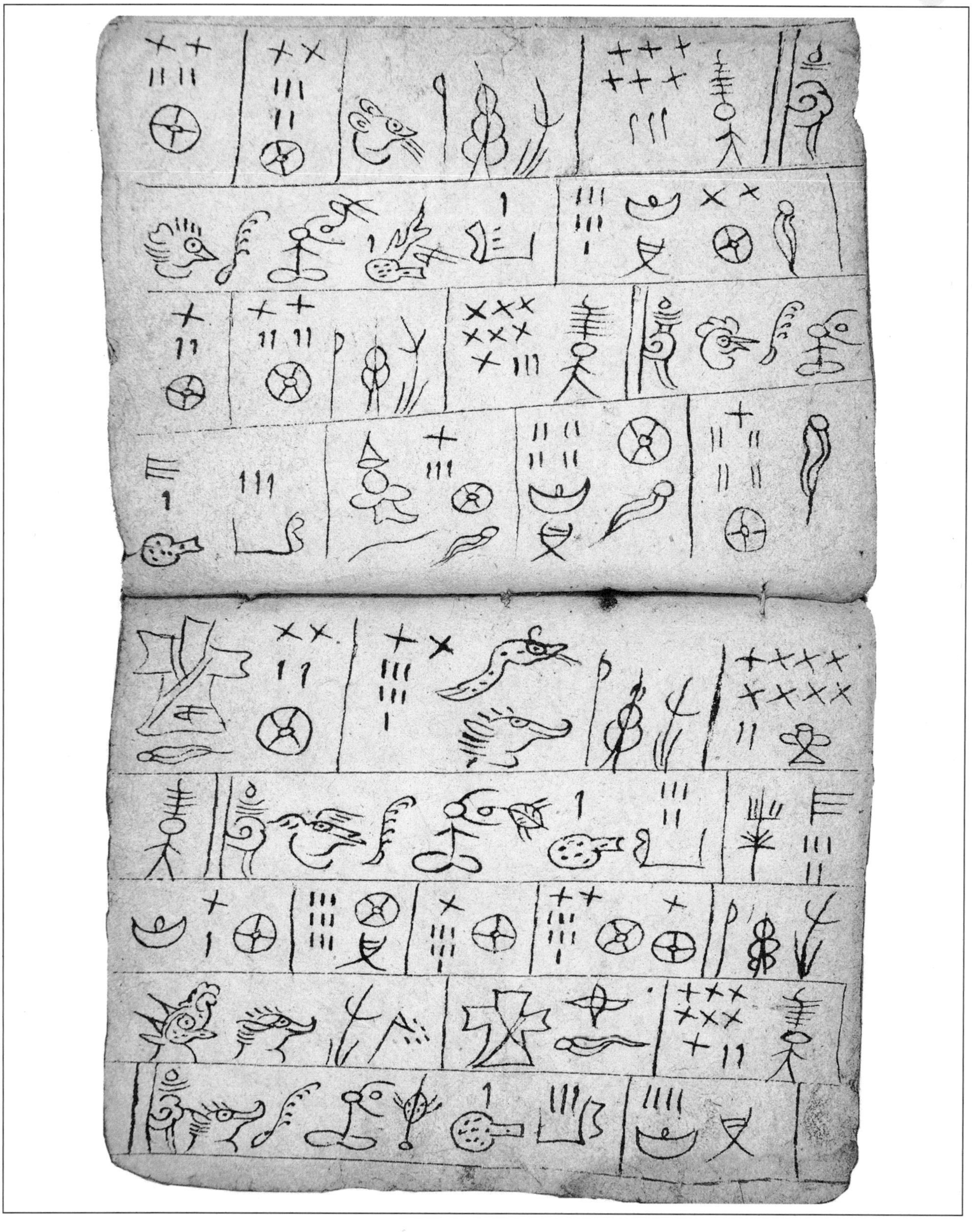

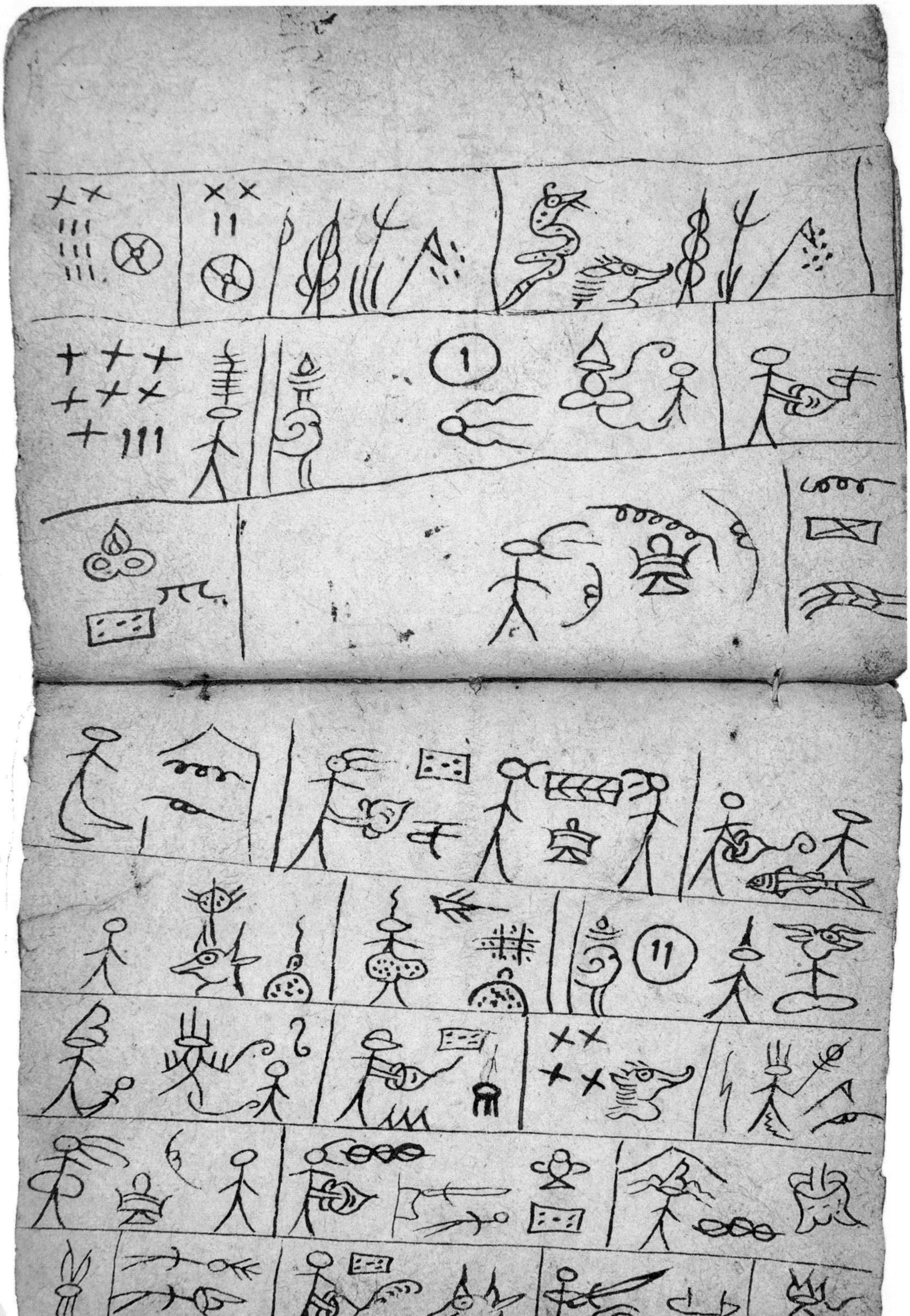

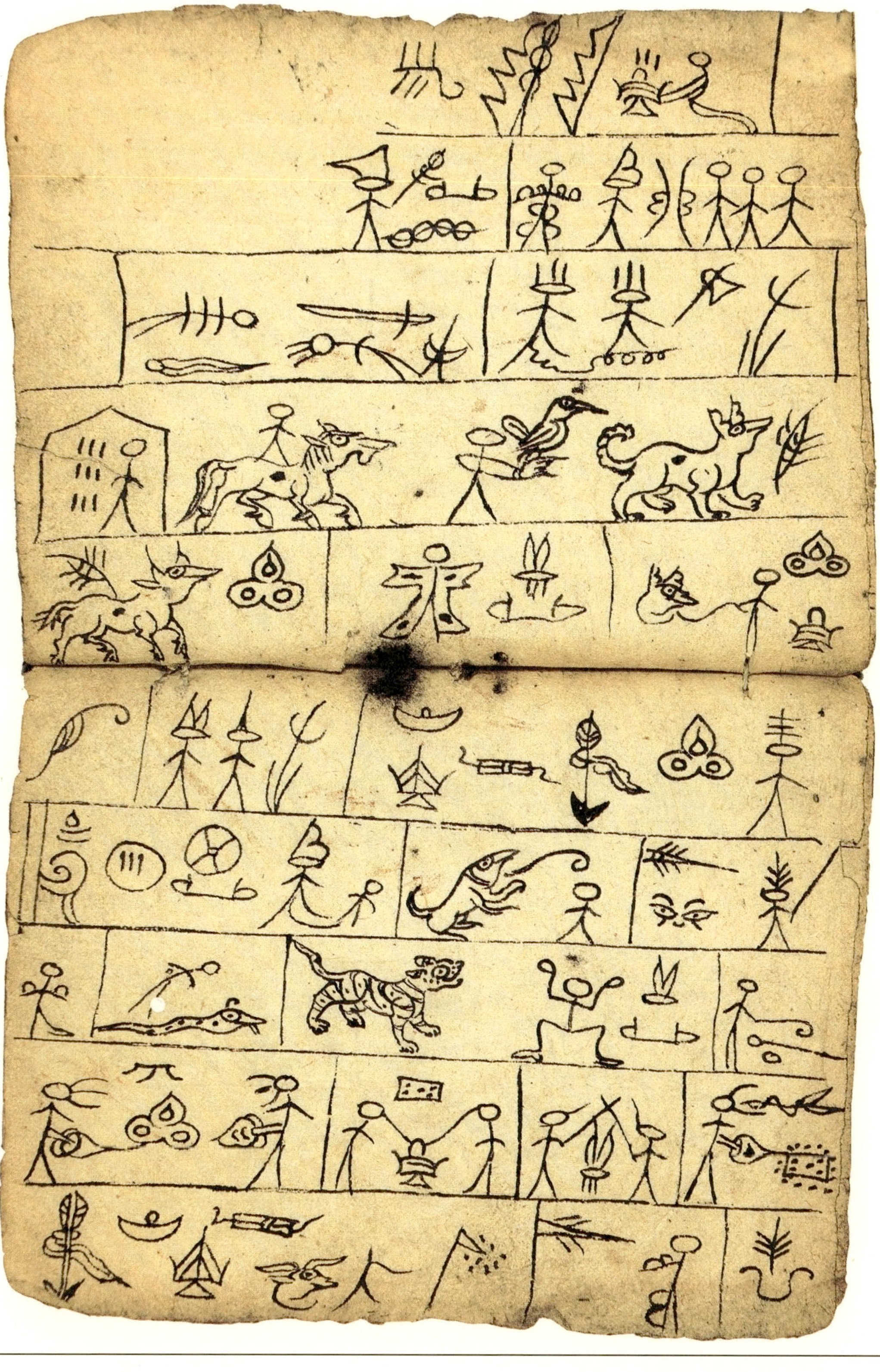

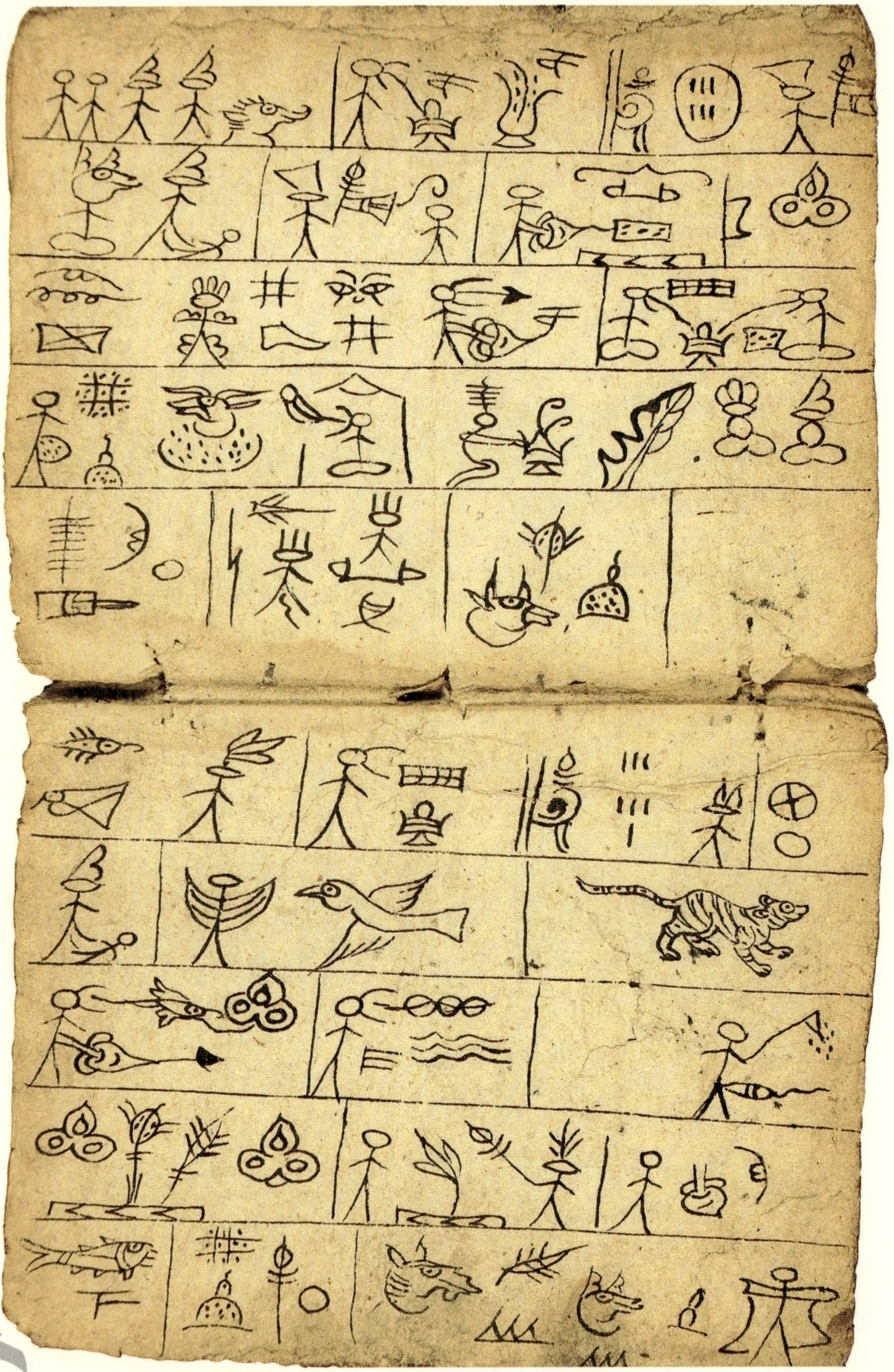

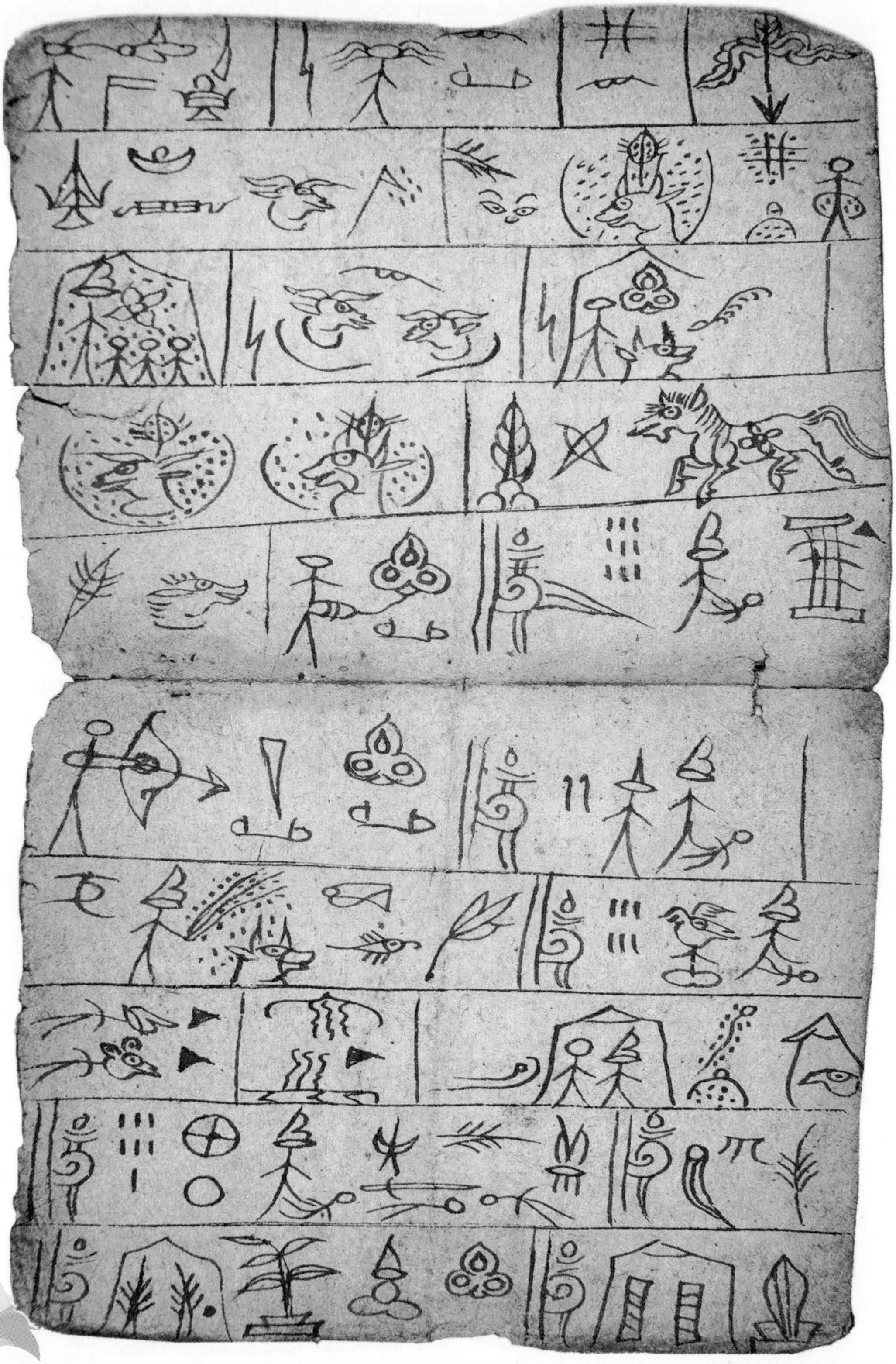

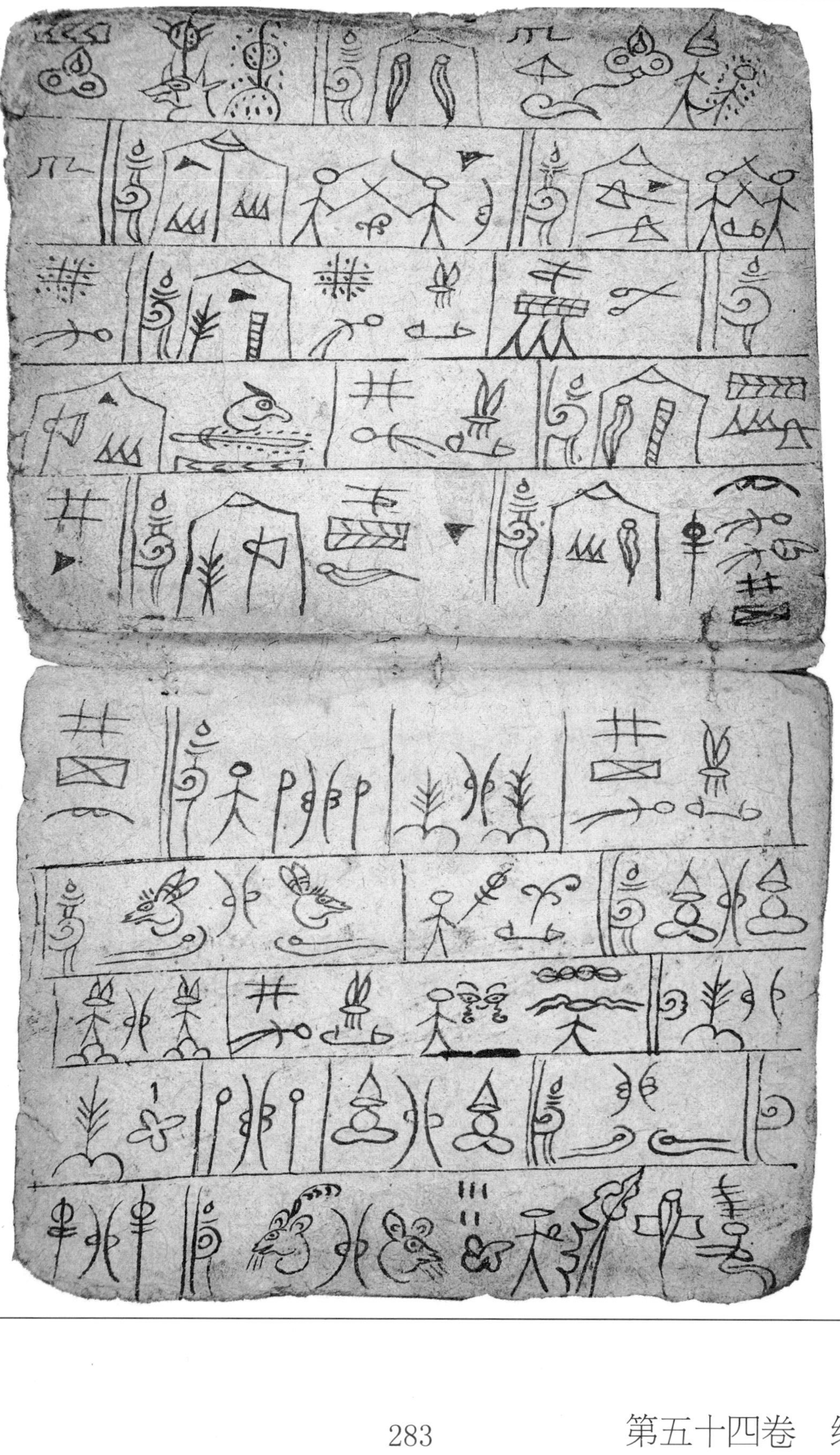

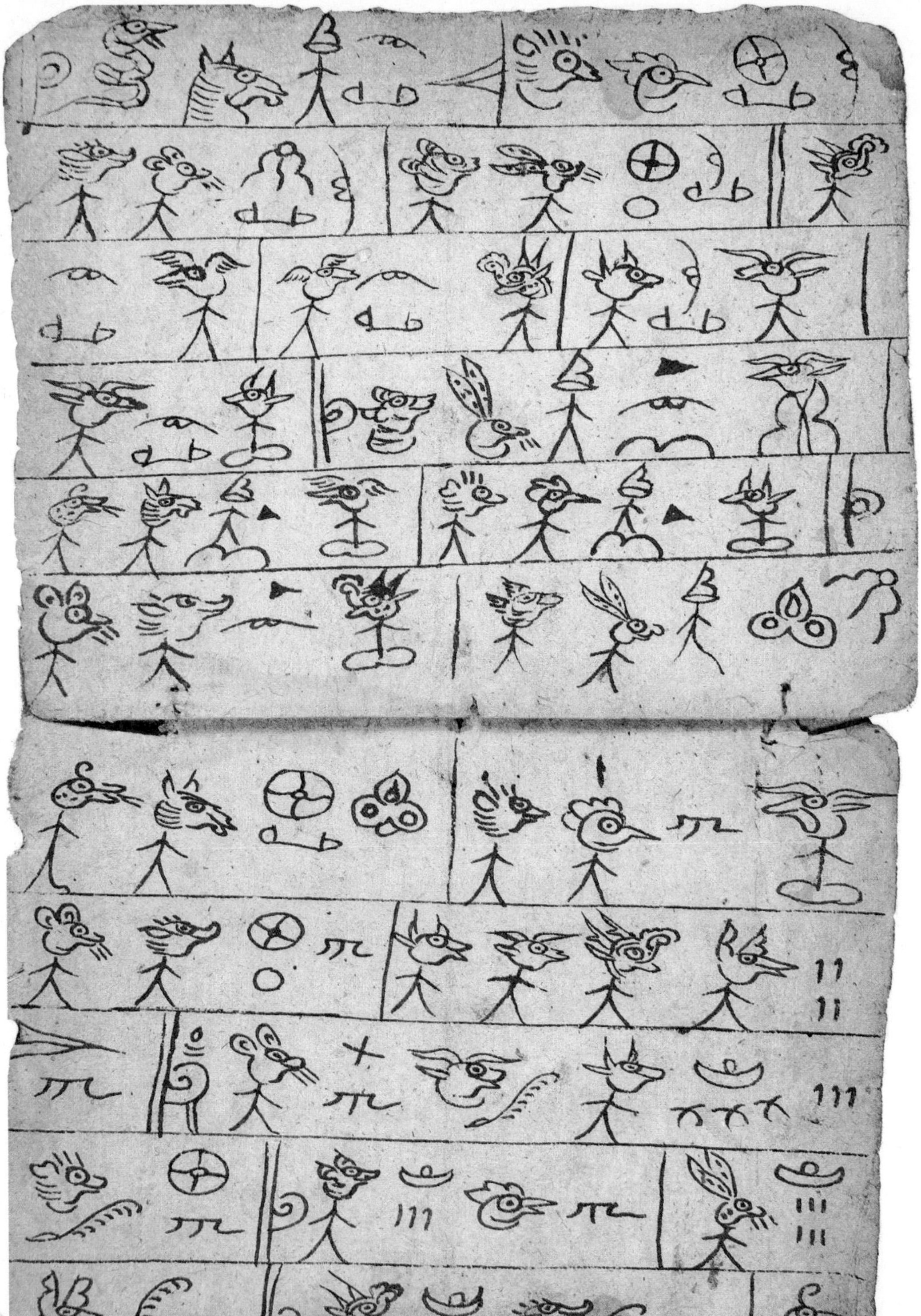

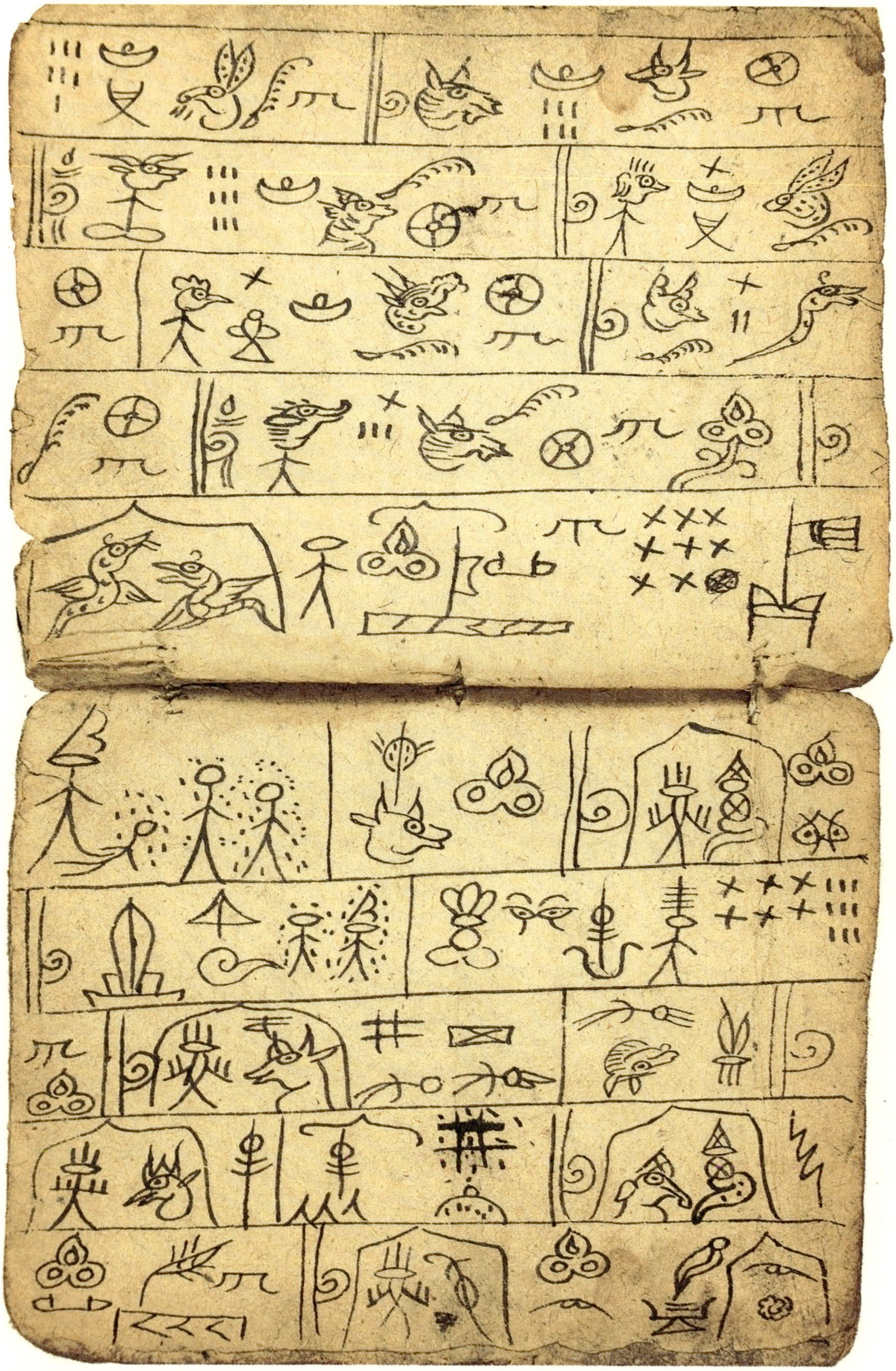

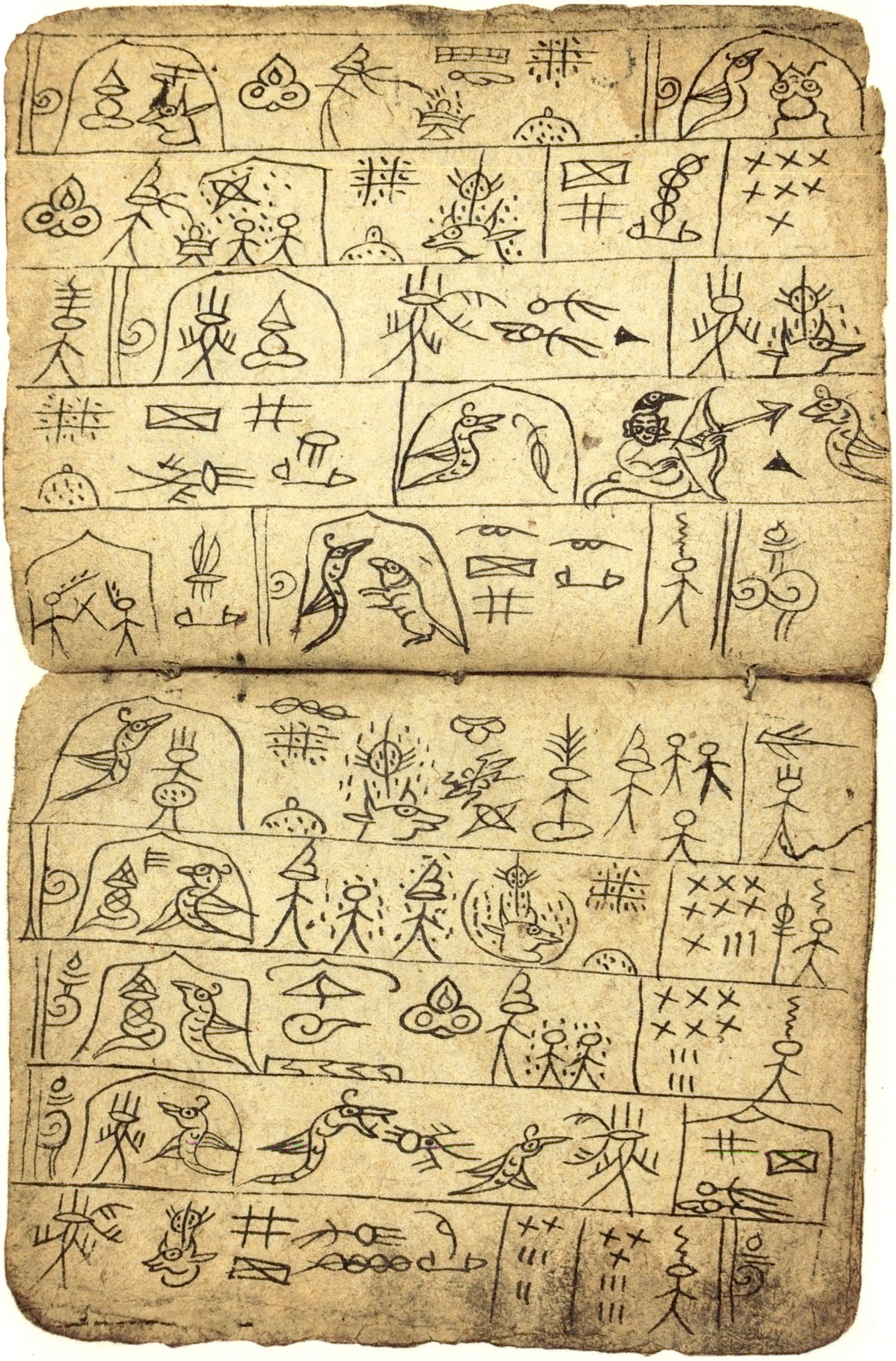

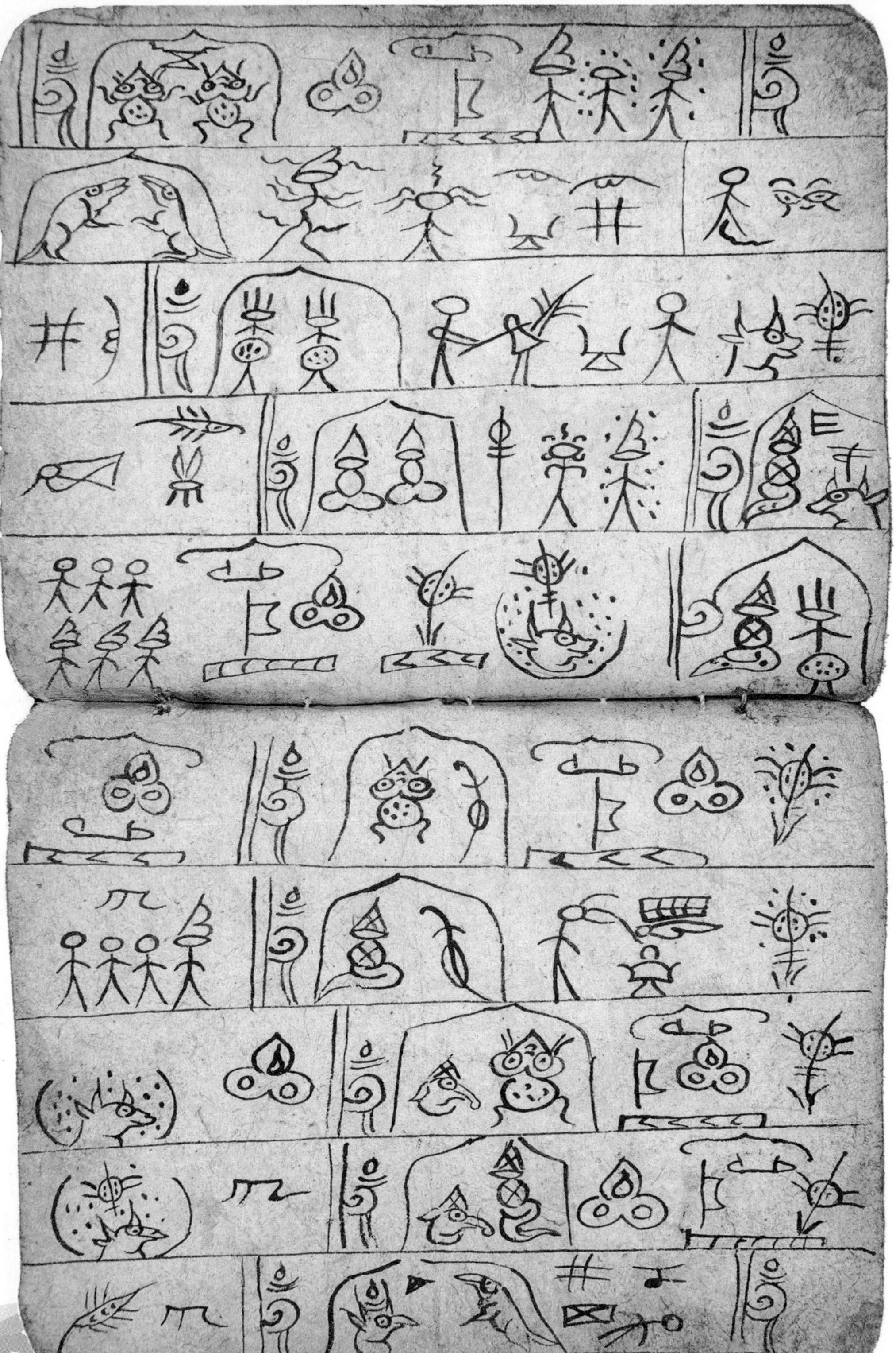

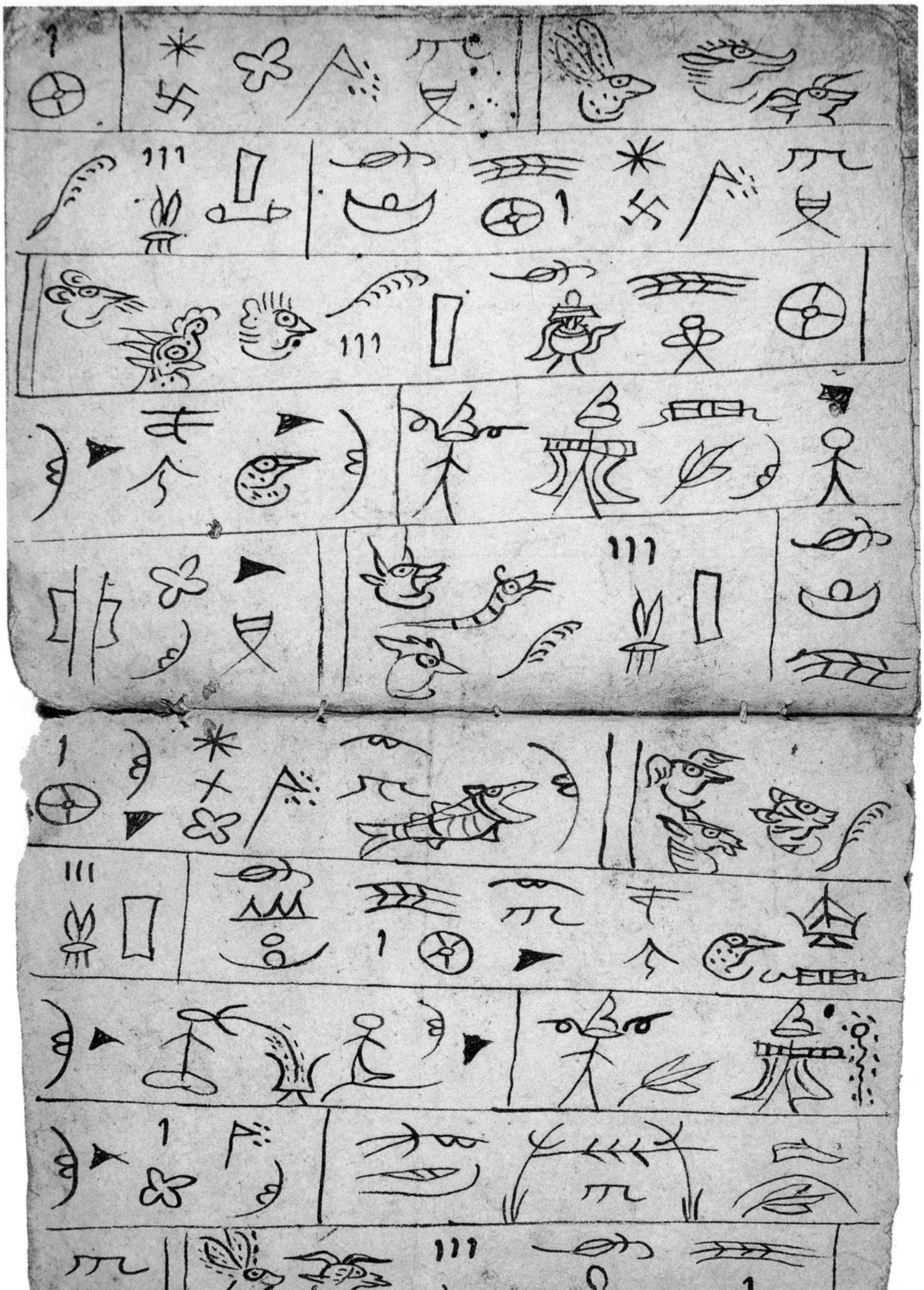

图书在版编目（CIP）数据

云南少数民族古籍珍本集成. 第54卷 / 云南省少数民族古籍整理出版规划办公室编. -- 昆明：云南人民出版社,2017.11
ISBN 978-7-222-16647-9

Ⅰ.①云… Ⅱ.①云… Ⅲ.①少数民族—古籍—善本—汇编—云南 Ⅳ.①K280.74

中国版本图书馆CIP数据核字（2017）第285813号

出 品 人：赵石定
组稿编辑：张平慧
责任编辑：任　娜
封面设计：向　炜
排版编辑：陶汝昌
责任校对：王　逍
责任印制：代隆参

书　名：云南少数民族古籍珍本集成　第54卷
作　者：云南省少数民族古籍整理出版规划办公室　编
出　版：云南出版集团公司　云南人民出版社
发　行：云南人民出版社
社　址：昆明市环城西路609号
邮　编：650034
网　址：www. ynpph. com.cn
E-mail：ynrms@sina.com
开　本：889 × 1194　1/16
印　张：19
版　次：2017年11月第1版第1次印刷
印　刷：昆明富新春彩色印务有限公司
书　号：ISBN 978-7-222-16647-9
定　价：580.00元